Lang · *Stalins Strafjustiz* gegen deutsche Soldaten

Die Medaille von
Bildhauer Fritz Theilmann
trägt die Inschrift:

Überwindet das
Jahrhundert des Stacheldrahts

Martin Lang

STALIN's Straf/justiz gegen deutsche Soldaten

Die Massenprozesse gegen deutsche Kriegsgefangene in den Jahren 1949 und 1950 in historischer Sicht

MITTLER
HERFORD

Unter Mitwirkung von
Helmuth von Dressler,
Vorsitzender des Arbeitskreises der Heimkehrer und Kriegsgefangenen-Angehörigen des Lagers Borowitschi/UdSSR,
und
Karlhans Mayer,
Leiter der Kulturgruppe des Lagers Stalingrad 1

Lang, Martin, Dr.
Stalins Strafjustiz
gegen deutsche Soldaten
Die Massenprozesse gegen deutsche Kriegsgefangene
in den Jahren 1949 und 1950 in historischer Sicht
1. Auflage, 1981, 148 Seiten

ISBN 3 8132 0126 0

Schutzumschlag-, Einband- und Innentitelgestaltung:
Prof. Martin Andersch, Hamburg, unter Verwendung eines Fotos nach einer von
Prof. Fritz Theilmann, Kieselbronn, gestalteten Medaille.
Produktion: Heinz Kameier
Gesamtherstellung: C.W. Niemeyer Druck, Hameln
Printed in Germany

Inhaltsverzeichnis

Zum Geleit

Im Mittelpunkt der hier vorzustellenden Schrift stehen die sowjetischen Kriegsverbrecherprozesse von 1949/50, die nach Zahl, Zeitpunkt und Inhalt einmalig in der Nachkriegsgeschichte sind. Sie liegen nunmehr dreißig Jahre zurück, ein Zeitraum, der eine sachliche Berichterstattung und eine ruhige Würdigung ermöglicht. Vielleicht ist es gut gewesen, daß die Prozesse in der von 1962 bis 1974 erschienenen, 22 Bände umfassenden Dokumentation »Zur Geschichte der deutschen Kriegsgefangenen des Zweiten Weltkrieges« nicht oder fast nicht behandelt worden sind. Das Auswärtige Amt hatte sich die Darstellung vorbehalten, dann aber aus Gründen, die dahingestellt bleiben mögen, von der Durchführung des Vorhabens abgesehen. Ich habe diesen Mangel seinerzeit als Historiker und als Herausgeber der Dokumentation lebhaft bedauert, zumal da die Prozesse einen besonderen Akzent in der sowjetischen Politik gesetzt hatten und symptomatisch waren für das Eindringen von Ideologien in die große Politik. Von vornherein war anzunehmen, daß die betroffenen Kriegsverurteilten, die sich für nicht schuldig hielten, das Schweigen über ihre Prozesse und über das ihnen zugefügte Unrecht auf die Dauer nicht hinnehmen würden. Und so ist es auch gekommen. Nach der Freigabe der Dokumentation, die bedauerlich lange hinausgezögert wurde, bemerkten die Kriegsverurteilten sogleich das Fehlen ihrer Prozesse und ihres Sonderschicksals und nahmen ihrerseits die Darstellung in die Hand. Das Ergebnis liegt nun vor uns.

Dem von zwei großen Heimkehrergruppen und zwei sachkundigen Mitarbeitern unterstützten Verfasser standen für seine Arbeit mehr Unterlagen als in früheren Jahren zur Verfügung, so daß der tatsächliche und rechtliche Unterbau breiter geworden ist. Ihm wird man bescheinigen dürfen, daß er sich um eine kühle und zurückhaltende Betrachtung der Vorgänge bemüht hat. Er übersieht nicht, daß die Nachkriegszeit belastet war mit weiteren, vielleicht noch schlimmeren menschlichen Tragödien, stellt aber die unberechtigte und ungerechte Strafverfolgung der fast 27000 deutschen Soldaten, die er allein dem allmächtigen Stalin anlastet, wegen ihrer Verknüpfung mit Weisungsjustiz und ihrer Mißachtung von Völkerrecht und Menschenrecht als unerträglichen Machtmißbrauch und Inhumanität deutlich heraus. Dabei leugnet er nicht, daß auf deutscher Seite Übergriffe gegenüber Sowjetmenschen mit schwerem Leid als Kriegserscheinungen vorgekommen sind.

Zur Frage, wie objektiv die Darstellung ist und wie objektiv sie sein kann, wenige Worte. Die Einhaltung von Objektivität ist nicht nur eine Persönlichkeits-, sondern vor allem eine Quellenfrage. Der Verfasser stützt sich in großem Umfange auf das Werk, das die »Wissenschaftliche Kommission für die Dokumentation des Schicksals der deutschen Gefangenen des Zweiten Weltkrieges« (WK) erstellt hat. Er hat damit eine verläßliche Grundlage gewählt. Die WK hat von Anfang an eine größtmögliche Objektivität von der Beschaffung der Quellen aus abzusichern gesucht. Sie begnügte sich nicht mit dem deutschen Material, sondern erschloß sich auch ausländische Unterlagen. Bei den Bemühungen, die vom Auswärtigen Amt und den zuständigen Botschaften bereitwillig unterstützt wurden, zeigte sich der ganze Unterschied von Ost und West. Während die westlichen Gewahrsamsmächte ihre internen Akten über die deutschen Kriegsgefangenen und ihre Lager großzügig zur Einsichtnahme und wissenschaftlichen Auswertung zur Verfügung stellten, gab es von der Sowjetunion nicht einmal eine Antwort auf die entsprechenden schriftlichen Anfragen und Anträge. Die Sowjetunion hatte die Genfer Konvention von 1929 nicht unterzeichnet und den Delegierten des Internationalen Roten Kreuzes niemals den Zutritt zu den Lagern gestattet. Sie wurden nach Möglichkeit gegen die Öffentlichkeit abgeschirmt. Damit war die WK entgegen ihren Grundsätzen auf die Berichte von Heimkehrern beschränkt. Für die kriegsverurteilten Gefangenen, die erst 1953 und 1955 aus den sowjetischen Straflagern zurückgekommen waren, war der zeitliche Abstand zur Gefangenschaft und damit die Gefahr von Erinnerungsfehlern wohl geringer als bei den früher Heimgekehrten, aber die seelische Belastung war so viel größer gewesen, daß eine gewisse Unsachlichkeit im voraus nicht ausgeschlossen werden konnte. Daher nahm die WK eine Überprüfung durch genaue Vergleiche vor. Sie ergab, daß in den Aussagen der verschiedenen Gefangenengruppen kein Unterschied bestand.

Unabhängig voneinander entstanden, decken sich die Berichte durchaus. Die Abstützung der Studie auf Heimkehreraussagen darf keinesfalls als Argument gegen die Sachschilderungen angeführt werden.
Indem die Maßstäbe des Völkerrechts und des internationalen Rechts an die Kriegsverbrecherprozesse angelegt werden, wird ihre Unrechtmäßigkeit nachgewiesen. Darüber hinaus werden zahlreiche Verstöße der Untersuchungsorgane und der Tribunale gegen das eigene sowjetische Recht aufgezeigt, die viele Urteile als willkürlich erscheinen lassen und den schon von anderer Seite erhobenen Vorwurf der gelenkten Justiz verstärken. Die erstmals angegangene juristische Einzelanalyse der sowjetischen Kollektivprozesse von 1949/50 ist juristisch und historisch von Bedeutung, sie bringt durch das Eindringen in die angewandten sowjetischen Strafbestimmungen neue Einsichten. Dies vor allem für diejenigen, die seinerzeit verurteilt worden sind. Vorgänge, die dem einzelnen damals unverständlich waren, werden für jeden begreiflich durchleuchtet. Die Ausführungen zur persönlichen Schuld der Verurteilten, dabei zum Befehlsnotstand, zur militärischen Notwendigkeit (Haager Landkriegsordnung) und zur Auswahl der Verurteilten durch die sowjetischen Politoffiziere verdienen besondere Hervorhebung. Die Darstellung über die Haftjahre, wohl erstmals im Zusammenhang geboten, wird jeden Leser beeindrucken; der Vergleich mit unserem modernen Strafvollzug macht die Härte der sowjetischen Ordnung deutlich.
Neben der juristischen Würdigung der Prozesse liegt der Schwerpunkt der Darstellung im Herausarbeiten der These, daß allein Stalin für die Prozesse verantwortlich war, daß sie Vergeltung sein sollten und daß sie zum Ziele hatten, für die sowjetische Deutschlandpolitik ein durchschlagendes Faustpfand bereitzustellen. Der Verfasser ordnet die Entlassungen von 1953 und 1955 mit Sorgfalt in die allgemeine politische Situation dieser Zeit ein und weiß auf diese Weise seine Wertung überzeugend zu begründen. Mit den Worten »Vergeltung« und »politisches Faustpfand« sind die Motive für die Prozesse treffend gekennzeichnet. Die Beurteilung, in Heimkehrerkreisen seit langem zu Hause, kann heute bereits als allgemeine Meinung gelten.
Als ehemaliger Leiter der Wissenschaftlichen Kommission für deutsche Kriegsgefangenengeschichte begrüße ich, daß mit der vorliegenden rechtshistorischen Studie die Lücke geschlossen wird, die in der großen Dokumentation offen geblieben war. Das Buch wird gewiß auch Erinnerungen an Zeiten wecken, die nicht zu den glücklichen in unserer Ge-

schichte zählen. Ich bin aber gewiß: Das Werk will der historischen Wahrheit, der Gerechtigkeit und damit der Menschlichkeit dienen. Alle, die einst an dem hier geschilderten Geschehen teilhatten, werden dafür dankbar sein, daß die sowjetischen Spätprozesse nach dieser Darstellung jede Beweiskraft gegen die Verurteilten verloren haben, und dafür, daß ihr eigenes Sonderschicksal nicht mehr dem Vergessen ausgeliefert sein kann. In ihren Dank können sie den Vorsitzenden des Arbeitskreises Borowitschi, Helmuth von Dressler, und den Leiter der Kulturgruppe Stalingrad, Karlhans Mayer, einschließen, die zum Gelingen der Studie wesentlich beigetragen haben, beide durch Aktivierung ihrer Heimkehrergruppen und Materialbeschaffung, Helmuth von Dressler durch kritische Mitarbeit bei der Textfindung und Karlhans Mayer durch wichtige technische Hilfen. Ein besonderer Dank gebührt dem Autor dieses Buches, Dr. Martin Lang.

Heidelberg, im Frühjahr 1981

Erich Maschke
em. ord. Universitäts-Professor
ehem. Leiter der Wissenschaftlichen Kommission
für deutsche Kriegsgefangenengeschichte

Warum diese Darstellung?

Das große Dokumentationswerk über die Kriegsgefangenschaft der deutschen Soldaten des Zweiten Weltkrieges [1], das von der Wissenschaftlichen Kommission für deutsche Kriegsgefangenengeschichte in jahrelanger Arbeit erstellt worden ist, enthält trotz seines Umfanges und seiner Gründlichkeit eine empfindliche Lücke. Die sowjetischen Massenprozesse vom Herbst und Winter 1949/50, in denen mehr als 26000 deutsche Kriegsgefangene aus politischen Gründen zu meist 25 Jahren Arbeits- und Besserungslager verurteilt wurden, sind in der 22bändigen Dokumentation, in der neun Bände und ein Beiheft auf die Sowjetunion entfallen, nur andeutungsweise geschildert worden [2]. Diese von der Kommission nicht verschuldete Behandlung wird der Bedeutung des Geschehens nicht gerecht, die Lücke muß geschlossen werden. Ein endgültiges Schweigen über die Massenverurteilungen wäre Mißachtung der geschichtswissenschaftlichen Pflicht zur Vollständigkeit und damit zur Wahrheit, es wäre auch ein Verrat an Menschenrecht und Menschenwürde. Zehntausende von Deutschen blieben belastet, die ihre soldatische Pflicht befehlsgemäß erfüllten und ihre Schuldlosigkeit immer wieder beteuert haben.

Für eine Ergänzung der Dokumentation dürfen weder von der westlichen noch von der sowjetischen Seite Anstöße oder Initiativen erwartet werden. Die Sowjetregierungen nach Stalin haben sich zwar mit den vorzeitigen Entlassungen von 1953 und 1955 von der Stalinschen Verfolgung der kriegsgefangenen deutschen Soldaten abgesetzt, sie haben auch die s. Z. von Stalin befohlene Deportation der Rußlanddeutschen ausdrücklich mißbilligt [3], aber keine von ihnen hat eine grundsätzliche Abkehr von der bisher geübten Beurteilung der Kriegsverbrecherprozesse erkennen lassen. Unter diesen Umständen wird für die deutsche Seite die Weiterarbeit an der Erforschung und Überprüfung der Stalin-Prozesse zur unabweisbaren Pflicht.

Die Behandlung der sowjetischen Kriegsgefangenen durch die deutsche Wehrmacht während des Krieges ist durch das Werk von Christian Streit »Keine Kameraden. Die Wehrmacht und die sowjetischen Kriegsgefangenen 1941–1945 (Studien zur Zeitgeschichte Bd. XIII 1978, 2. Aufl. 1980)« umfassend dargestellt worden. Es ist nicht die Aufgabe unseres Buches, einen Vergleich zwischen der Behandlung der Kriegsgefangenen auf beiden Seiten durchzuführen. Vielmehr soll die Lücke ausgefüllt werden, die in der großen Dokumentation offengeblieben ist. Dementsprechend werden die Spätverurteilungen deutscher Kriegsgefangener als geschichtlicher Sondervorgang nur in sich behandelt.
Die Wissenschaftliche Kommission besteht nicht mehr, sie kann die Ergänzung nicht bringen. Zwei große Gruppen von Heimkehrern [4] haben daher die folgende Studie veranlaßt. Sie bemüht sich, die Massenaktion darzustellen, ihren Hintergrund zu erhellen, die Wirkung auf die Betroffenen und das Heimatland zu beschreiben und die Prozesse in ihrem Zusammenhang mit der Stalinschen Außen- und Deutschlandpolitik zu würdigen. Dabei soll die rechtliche Seite herausgearbeitet werden und das Völkerrecht den ihm gebührenden Raum bekommen. Die Studie will eine der von Professor Maschke erwarteten weiteren Untersuchungen über das Schicksal der deutschen Kriegsgefangenen [5] sein.

Grundlagen und Grenzen

Die Untersuchung baut auf den Ergebnissen der Wissenschaftlichen Kommission zur Erforschung der Kriegsgefangenengeschichte (WK) auf. Die vom Bundesinnenministerium eingesetzte Kommission hat Quellen verschiedenster Art benutzt [6]. Ihrer tatsächlichen Darstellung liegen rd. 20000 Heimkehreraussagen zugrunde, die vor den Dienststellen des Deutschen Roten Kreuzes [7] gemacht worden sind, daneben zahlreiche schriftliche Erlebnisberichte und Tonbandgespräche, die von den Mitarbeitern der WK mit ehemaligen Kriegsgefangenen geführt wurden.
Das weit gespannte Werk unterrichtet über die Gefangenschaft selbst und über nahezu alle Gebiete der sowjetischen Wirklichkeit, die mit der Kriegsgefangenschaft in Zusammenhang standen. Einige Besonderheiten seien erwähnt. Dem Leser wird u. a. die wirtschaftliche Seite des Arbeitseinsatzes der Kriegsgefangenen nahegebracht. Er kann von der Einordnung der Millionen ehemaliger Soldaten in die sowjetische Arbeitsorganisation und der für uns befremdlichen Einbeziehung ihres

Arbeitspotentials in die sowjetische Planwirtschaft lesen, wobei sie nicht nur in zerstörten Gebieten eingesetzt, sondern über weite Teile der Sowjetunion verteilt worden sind.

Genau werden die für den einzelnen Gefangenen wichtigen Umstände untersucht, die äußeren Lebensverhältnisse, politische Umerziehungsversuche durch sowjetische Politoffiziere und deutsche Antifaschisten, eigene kulturelle Betätigung, Rolle der Kameradschaft, Verbindung zur Heimat und vieles andere.

Unsere Studie will die Prozesse als zusammenhängende, in sich geschlossene Gesamtaktion herausstellen. Erst auf diese Weise wird eine zutreffende Bewertung der Strafverfahren und der Großaktion selbst zu erreichen sein. Die Einzelprozesse bis 1948 werden in unserer Darstellung planmäßig zurücktreten. In der Beschränkung darf keine irgendwie geartete Anerkennung dieser Prozesse gesehen werden. Über sie ist eingehend in der Dokumentation berichtet worden, viele der dort erarbeiteten Ergebnisse werden im folgenden verwertet werden[8]. Unsere Untersuchung berücksichtigt zusätzlich zu den von der WK benutzten Unterlagen neuere Informationen, darunter spätere Heimkehreraussagen und inzwischen gewonnene politisch-historische und strafrechtliche Erkenntnisse.

---

[1] Zur Geschichte der Deutschen Kriegsgefangenen des Zweiten Weltkrieges, herausgegeben von Prof. Dr. Erich Maschke, Leiter der wissenschaftlichen Kommission für deutsche Kriegsgefangenengeschichte, erschienen im Gieseking-Verlag, Bielefeld, ab 1962, seit 1975 allgemein zugänglich.

[2] Vergl. Maschke im Vorwort zu Bd. V, 1 S.V., Bährens in Bd. V, 1 S. 183/84, Böhme in Bd. VII, S. 156 und 319, Bd. XV, S. 426, 428. Zu den Ursachen für das Fehlen einer zusammenhängenden Darstellung der Massenprozesse vgl. Anl. 1. Die Ankündigung in Bd. V, 1 S. 151, Anm. 244 a, war verfrüht, eine Darstellung der Zentralen Rechtsschutzstelle des Auswärtigen Amtes ist nicht erschienen.

[3] Dekret des Obersten Sowjet v. 29.08.1964, veröffentlicht im Gesetzblatt v. 05.01.1965. Zitiert nach Weißbuch der CDU/CSU-Fraktion des Deutschen Bundestages vom Oktober 1977 S. 58.

[4] Kriegsgefangene des Lagers Stalingrad I und Arbeitskreis der Heimkehrer und Kriegsgefangenenangehörigen des Lagers Borowitschi, UdSSR.

[5] Maschke im Vorwort zu Bd. V, 1 S. IX.

[6] Über Herkunft und Aussagekraft der verschiedenen Quellengruppen vgl. Maschke, Herausgeber der Dokumentation, in »Das Schicksal der deutschen Kriegsgefangenen des Zweiten Weltkrieges als Aufgabe zeitgeschichtlicher Forschung«, Sonderdruck, München 1962, S. XVI ff. Hingewiesen sei auf die Borowitschi-Darstellung »Entstehen und Wirken« und ihre sorgfältigen Zusammenstellungen.

[7] Bd. V, 1 der Dokumentation (Bährens), S. 16.

[8] Bd. V, 1–3, Kurt Bährens, Deutsche in Straflagern und Gefängnissen der Sowjetunion. Vgl. besonders Bd. V, 1 S. 145–182.

Die Situation der deutschen Kriegsgefangenen in der Sowjetunion

Im Zweiten Weltkrieg sind der Roten Armee ca. 3155000 deutsche Kriegsgefangene in die Hände gefallen. Von ihnen wurden ca. 1959000 Mann repatriiert, ca. 1110000 Kriegsgefangene sind in der Gefangenschaft verstorben[1].

Gewaltige und erschreckende Zahlen! Denn hinter jedem Kriegsgefangenen stand eine Familie, standen meistens Eltern, Frauen, Kinder. Was an Elend, Entbehrungen, Kummer und Leid auf der einen, an Rücksichtslosigkeit, Unmenschlichkeit und Gleichgültigkeit auf der anderen Seite in diesen Zahlen steckt, vermag nur zu ermessen, wer sich in Einzelheiten vertieft, wer die Individuen, die Einzelpersonen zu erkennen sucht, die sich in unübersehbarer und kaum vorstellbarer Menge hinter den Zahlen verbergen. Die Menschheitstragödie des Zweiten Weltkrieges war mit dem Schweigen der Waffen keineswegs zu Ende. Weitere qualvolle Leiden mußten sowohl bei den Siegern wie bei den Besiegten ertragen werden. Die sowjetische Kriegsgefangenschaft der deutschen Soldaten wird durch die Totenzahlen als eine ungeheure deutsche Nachkriegstragödie ausgewiesen. Unfaßbar verlustreich waren bereits die Transporte, mit denen die Millionen in die SU geschafft wurden. In den Lagern waren die ersten Monate und Jahre unbestritten am härtesten. Dieser Zeitabschnitt kann als Periode der Dezimierung der überlebenden deutschen Soldaten charakterisiert werden. Die Todeskurve sinkt erst nach 1947 deutlich ab, bis sie 1949 den Normalstand erreicht[2].

Die Kriegsgefangenen waren in eine für sie rätselvolle fremde Welt geraten. Sie erfuhren zunächst nicht, ob und wie sich die Heimat und die westlichen Nationen um ihr Schicksal kümmerten. Von ihrem deutschen Vaterland war Hilfe nicht zu erwarten, es lag am Boden. Sie wußten von ihm so gut wie nichts, denn in den ersten eineinhalb Jahren waren sie ohne nennenswerte Nachrichten aus der Heimat. Bei den Gefangenen stand der Kampf um das eigene Überleben im Vordergrund. Vor allem mußte die

Arbeitsnorm erfüllt werden, von ihr hing für jeden einzelnen die tägliche Nahrungsmenge ab. Wer unter der Norm blieb, sah sich dem langsamen Abgleiten in die Dystrophie mit ihren lebensbedrohenden Folgen gegenüber. Wichtig waren Unterkunft und Bekleidung, lebensentscheidend war oftmals die Abwehr der winterlichen Kälte. Alle beherrschte daher die ständig bohrende Frage: Wann kommen wir nach Hause?

Der anfängliche Optimismus machte bald einem pessimistischen Mißtrauen Platz. Immer deutlicher wurde den Kriegsgefangenen bewußt, welche außerordentliche wirtschaftliche Bedeutung, von allen anderen Erwägungen abgesehen, ihre Arbeitsleistung für die Sowjetunion hatte. Die höchst spärlichen Heimtransporte von Kranken und von einzeln eingestreuten Bestarbeitern bestärkten die Plennys in ihrer Einstellung. Das ständig wiederholte »skoro damoi« (Bald kommt ihr heim) der Wachmannschaften und Lageroffiziere wurde als unwahr und gesteuertes Propagandageschwätz beiseite geschoben.

---

[1] Bd. VII (Böhme), S. 151.

[2] Bd. VII (Böhme), S. 110, Detail-Schilderungen S. 237–281. Besonders aufschlußreiche Grafik 10 im Beiheft.

Der Streit um die Repatriierung

Ebenso wie die Gefangenen selbst wartete die Bevölkerung in der deutschen Heimat mit wachsender Ungeduld auf die Heimkehr ihrer Männer. Ihre Geduld wurde auf eine lange Probe gestellt. Eine bescheidene Hoffnung flackerte erstmals auf, als die Nachricht von der Moskauer Außenministerkonferenz vom 23. April 1947 bekannt wurde. Geschah in der Welt doch noch etwas für die Gefangenen? In Moskau hatten die Vertreter der Siegermächte einschließlich der SU beschlossen,

> die deutschen Kriegsgefangenen bis spätestens 31.12.1948 in die Heimat zu schicken.

Die Meldung sickerte auch in Kriegsgefangenenlagern durch. Einige Optimisten glaubten an das versprochene Ende der Gefangenschaft. Die Mehrzahl der Gefangenen, vielfach durch leere Versprechungen getäuscht, verhielt sich kritisch. Die Pessimisten behielten recht. Antifaschistische Lageraktive wurden mobil gemacht, um »freiwillige« Selbstverpflichtungen der Kriegsgefangenen zur Fortsetzung ihrer Wiedergutmachungsarbeit zuwege zu bringen, was wohl auch überall, wo es versucht wurde, gelang. Denn keiner wollte sich die Chance einer Heimkehr verbauen. Der Termin verstrich, ohne daß die Repatriierung erfolgte. Wiederholte und immer dringlicher werdende Erinnerungen der Westmächte blieben erfolglos. Moskau schwieg. Erst als die Amerikaner die Nichterfüllung als »Wortbruch« bezeichneten, reagierte Stalin. Er schob in einem Memorandum vom 24.01.1949 die Schuld der westlichen Seite zu und behauptete, die USA, Großbritannien und Frankreich hätten das Zustandekommen eines in Moskau verabredeten gemeinsamen Rückführungsplans verhindert. Sie hätten untereinander abgesprochen, ihre Gefangenen in bezahlte Arbeiter zu verwandeln, und sie gewaltsam zurückgehalten. Er teilte mit, »was die Repatriierung der Kriegsgefangenen betreffe, so hat die sowjetische Regierung den größten Teil von ihnen bereits entlassen und setzt die Repatriierung der übrigen gemäß dem von ihr angenommenen Plan fort. Diese Repatriierung wird im Laufe des Jahres 1949 zum Abschluß kommen«[1].

Die Auseinandersetzungen zwischen den Großmächten, insbesondere das Stalin-Memorandum und der nachfolgende Notenwechsel, sind für unsere Betrachtung wichtig und aufschlußreich. Die Westmächte bestritten die Richtigkeit der sowjetischen Darstellung und wiesen die Behauptung vom gewaltsamen Festhalten ihrer eigenen Kriegsgefangenen als »grotesk« zurück. Frankreich bot eine Überprüfung durch eine internationale Kommission an. Die USA erinnerten an die wiederholten Zusagen sowjetischer Vertreter, daß der Termin für Ende 1948 eingehalten werde. Die Sowjetunion ließ sich jedoch auf nichts ein und erklärte in ihrer Antwort vom 04.06.1949, sie sehe keine Notwendigkeit, in eine weitere Prüfung der Frage einzutreten. Ebenso erfolglos blieben Bemühungen der Deutschen selbst, so die Protestnote der westdeutschen Ministerpräsidenten an die Außenministerkonferenz in Paris vom 20.06.1949 und die Note der inzwischen geschaffenen Bundesregierung an die Hochkommissare vom 21.12.1949, die die Freigabe der Ostgefangenen nach nunmehr 4½ Jahren Gefangenschaft forderte. Es darf hier auf die eingehende Darstellung bei Böhme Bezug genommen werden. Dort werden die jahrelangen Bemühungen der Westmächte im einzelnen geschildert. Ihnen gegenüber erscheinen die Einlassungen der sowjetischen Regierung als durchsichtige Ausflüchte[2]. Der rote Herrscher hatte entschieden. Stalin verschanzte sich hinter seinem eigenen Plan, ihn hatte jeder zu akzeptieren, ob der Plan nun gefiel oder nicht.

---

[1] Bd. VII (Böhme), S. 129.
[2] Näheres in Bd. VII (Böhme), S. 127–134.

Der Repatriierungsentschluß der Sowjetunion vom 24.01.1949 in außenpolitischer Sicht

Die Betrachtung der Vorgänge läßt eine Reihe von interessanten Schlüssen zu.

An erster Stelle fällt das anhaltende und starke Engagement der Westmächte auf. Für Stalin muß es ein wichtiges politisches Zeichen gewesen sein. Aus ihm konnte er erkennen, daß die Gefangenenfrage für die Westmächte von erstrangiger Bedeutung war. Ob dabei Humanitätsgründe ausschlaggebend waren oder etwa der sehr reale Wunsch, der für sie wichtig gewordenen Bundesrepublik Deutschland schneller auf die Beine zu helfen, konnte zweifelhaft bleiben. Zwei Aspekte waren jedenfalls deutlich: Die Westmächte hatten die Repatriierung zum Prüfstein für die Vertragstreue der Sowjetunion gemacht. Ebenso wurde an ihr gemessen, welche Rolle die Humanität in der sowjetischen Politik spielte. Es erscheint naheliegend, daß Stalin und seine Berater zu der Überzeugung kommen mußten, ein weiteres Hinauszögern der Gesamtrepatriierung würde zu starken und für die außenpolitische Planung unerwünschten Reaktionen der Westmächte führen. Die Ausbeutung der deutschen Kriegsgefangenen mit ihren zahlreichen willkommenen Nebenwirkungen wie Niederhalten des westdeutschen Wiederaufbaus und Einschüchterung von Gegnern der Sowjetunion war anscheinend ausgeschöpft. Wenn Stalin sein Gesicht nicht verlieren wollte, mußte er seine Ankündigung wahrmachen und die Kriegsgefangenen heimschicken. Hier ist wohl der wichtigste Grund für die Forcierung der Repatriierung ab Ende 1948 und für die ungewöhnliche sowjetische Aktivität des Jahres 1949 zu finden. Diese Erkenntnis ist für die Beurteilung der sowjetischen Haltung in der Gefangenenfrage und für die Wertung der Massenverurteilungen von hoher Bedeutung.

Die Ereignisse hatten noch eine andere Seite. Die Jahre 1947/48 müssen der sowjetischen Führung auch in der Einschätzung der deutschen Situation neue Einsichten gebracht haben. Dem kritischen Beobachter war er-

kennbar geworden, daß die gesamte deutsche Bevölkerung, sowohl die westdeutsche als auch die der SBZ, in der Gefangenenfrage einig war. Eine gemeinsame öffentlich geäußerte Meinung hatte sich in der Gefangenenfrage gebildet, man reagierte allergisch und heftig auf alles, was auf eine weitere Verlängerung der Kriegsgefangenschaft hindeutete. U.a. meldeten sich die deutschen Völkerrechtslehrer zu Wort. Sie stellten auf ihrer Tagung vom 16. bis 17.04.1947 fest:
»Nach herrschender einhelliger völkerrechtlicher Überzeugung dient die Festhaltung der Kriegsgefangenen ausschließlich dem Zwecke, ihre fernere Teilnahme an Feindseligkeiten zu verhindern. Da eine solche für die deutschen Kriegsgefangenen nicht mehr in Frage kommt, ist ihre weitere Festhaltung völkerrechtlich unzulässig.«[1]
Die Repatriierungsforderung war viel stärker von Emotionen getragen, als zu erwarten gewesen war. Die Deutschen sahen in den Gefangenen nicht mehr die früheren Soldaten, sondern nur noch die eigenen Söhne, Männer und Brüder, die nicht länger festgehalten werden durften, wenn es überhaupt noch Gerechtigkeit in der Welt geben sollte. Für die sowjetische Führung muß dieser immer stärker sich artikulierende Druck auf Freigabe überraschend gewesen sein. Was waren für sie schon eingesperrte Menschen?! Eine Alltäglichkeit, seit Jahrzehnten in der SU praktiziert. Darüber regte man sich doch nicht groß auf! Und hier? Die Unruhe in Deutschland steigerte sich, je länger die Kriegsgefangenen festgehalten wurden. Also mußte den Deutschen sehr viel an ihren Männern liegen, viel mehr als man bisher in der SU annahm! Ein Einlenken war offensichtlich geboten, andernfalls mußte auch in der sowjetischen Deutschlandpolitik mit einer unerwünschten Verstärkung der antisowjetischen Kräfte, möglicherweise auch in dem sowjetisch besetzten Teil Deutschlands, gerechnet werden.

[1] R. Laun, Haager Landkriegsordnung 1950, S. 173.

Zurückhalten eines Restkontingents von deutschen Kriegsgefangenen als Kriegsverbrecher?

Dem kalten Rechner Stalin ist das Phänomen der Verbundenheit der Deutschen gewiß nicht entgangen. Ist es nicht sehr naheliegend, beinahe selbstverständlich, daß ihm der Gedanke kam, diese Erscheinung in seinem politischen Spiel um Deutschland zu nutzen?! Gewiß, die politische Gesamtentwicklung machte ein Ausräumen der Kriegsgefangenenfrage, dieser Reibungsfläche erster Ordnung, nötig. Die Repatriierung war nicht mehr zu umgehen. Aber mußten denn alle heimkehren? Konnte man nicht einen Teil zurückhalten und sich damit ein, wie jetzt zu erkennen war, außerordentlich wirksames Instrument für die weitere Deutschlandpolitik verschaffen?! Und dabei gleichzeitig die eigene Macht demonstrieren, noch dazu jetzt, da man in der Berlin-Blockade eine Niederlage hatte einstecken müssen! Derartige Überlegungen sind sicherlich schon früher von Stalin angestellt worden, jetzt, nach der Entwicklung der letzten Zeit, lagen sie sozusagen auf dem offenen Markt und harrten auf ihre Verwirklichung. Dabei durfte die Restgruppe nicht allzu klein sein, wenn sie politisches Gewicht haben sollte. Das wiederum machte es notwendig, für die Zurückhaltung eines großen Gefangenenkontingents eine plausible Erklärung zu finden, die vor der Weltöffentlichkeit bestehen konnte. Eine Lösung lag nahe, die in der Sowjetunion alltäglich und typisch stalinistisch war: die strafrechtliche Verurteilung der Kriegsgefangenen. Das Zauberwort für die Welt konnte »Kriegsverbrecher« heißen. In der Welt war bekannt, welche Verwüstungen in der SU angerichtet worden waren. Die Verurteilungen würden hingenommen werden, den bisherigen Kriegsgefangenen würden sie ihren Rechtsstatus nehmen und sie zu abgeurteilten Verbrechern machen, die sich völlig in der Hand der Justiz und des Strafvollzugs befanden. Keine fremde Macht würde das Recht haben, die Sowjetjustiz anzugreifen und sich damit in die inneren Angelegenheiten der Sowjetunion einzumischen.

 Und dennoch sprach vieles gegen die Durchführung von so späten Mas-

senprozessen. Stalin konnte die Tatsache nicht übersehen, daß sich die Gesamtsituation aller am Kriege beteiligten Nationen und die innere Einstellung ihrer Völker in einem Wandel befanden. Sicherlich waren die Wunden des Krieges noch längst nicht verheilt. Aber die Völker hatten sich in den »Friedensjahren« dem Aufbau einer neuen Welt zugewandt, ihr Interesse galt der Zukunft, die Vergangenheit trat mehr und mehr zurück. Die großen Nürnberger Kriegsverbrecherprozesse und die ihnen folgenden Verfahren, die bei allen Siegermächten gelaufen waren, hatten ihre Aktualität verloren. Sie waren Erscheinungen der unmittelbaren Nachkriegszeit gewesen, getragen vom Rausch des Sieges und dem verständlichen, durch jahrelange Propaganda aufgeheizten Wunsch nach Vergeltung für schwerste Kriegsbelastungen, die damals noch vor aller Augen standen. In den Nachkriegsjahren hatte man etwas Abstand zu den Kriegsereignissen gefunden, der Völkerhaß begann sich zu verlieren, die Humanität gewann wieder an Boden. Sogar im alliierten Lager gab es kritische Stimmen gegen die abgelaufenen Kriegsverbrecherprozesse.
Auch in der Sowjetunion selbst hatte sich einiges geändert. Zwar waren immer wieder Prozesse gegen Kriegsgefangene geführt worden, aber selbst wenn sie bekannt wurden, machten sie keinen besonderen Eindruck, Prozesse gehörten seit langem zum Alltag des sowjetischen Lebens. Der bittere Scherz, der in jener Zeit in der Sowjetunion umlief, sagte es deutlich: »Es gibt drei Sorten von Russen: solche, die sitzen, solche, die gesessen haben, und solche, die sitzen werden.« Zunehmend war eher eine freundliche Haltung der Sowjetbürger als eine Ablehnung gegenüber den deutschen Kriegsgefangenen zu beobachten gewesen. Offenbar war auch bei ihnen der Haß einem menschlichen Verständnis gewichen.
Und ein Hinweis sei hier, weil in diesem Zusammenhang notwendig, nicht unterlassen. Die Sowjetunion hatte nach drei Nachkriegsjahren eine Million Toter bei ihren Kriegsgefangenen zu verzeichnen, der weitaus größte Teil von ihnen war verhungert.
Es ist hier nicht der Platz, der Schuld an dieser Tragödie nachzugehen und über eine etwaige Duldung von Korruption und Verfehlungen in den Lagerverwaltungen nachzudenken. Jeder Kriegsgefangene wußte von Verschiebungen von Verpflegung und Bekleidung durch Wachmannschaften und dem Übersehen von schweren Mängeln in der Unterbringung und der gesundheitlichen Fürsorge während dieser Jahre. Vielleicht war der obersten Führung im Jahre 1948 die genaue Zahl der Toten nicht bekannt, denn »Rußland ist groß, und der Zar ist weit«. Gleichwohl können wir

angesichts der riesigen Ausfallzahlen, die gleichzeitig Ausfälle von Arbeitskräften bedeuteten, mit hoher Wahrscheinlichkeit annehmen: Stalin muß auch ohne genaue Zahlen im Bilde gewesen sein, daß eine erschrekkende Dezimierung der deutschen Kriegsgefangenen durch Hunger, Seuchen, mangelhafte Betreuung und Überarbeitung stattgefunden hatte. Er mußte damit rechnen, daß die Weltöffentlichkeit hiervon erfahren und gegen die SU als Gewahrsamsmacht den Vorwurf einer Inhumanität größten Ausmaßes erheben würde. Trotz dieses Massensterbens deutscher Soldaten sollten noch vier Jahre nach Kriegsende viele Tausende von neuen Kriegsverbrecherprozessen geführt werden?! Überdies gegen Gefangene, die während dieser langen Zeit in der SU für die Wiedergutmachung schwer gearbeitet hatten?![1] Die Prozesse würden nicht glaubwürdig sein und konnten zusätzlich Angriffspunkte für eine antisowjetische Propaganda bieten. Keine andere Siegermacht hatte derartige nachträgliche Verfahren eingeleitet. Der Zeitablauf sprach unüberhörbar gegen eine Neuauflage von Kriegsverbrecherprozessen dieses Ausmaßes.

[1] Vgl. Bd. IV (Ratza), S. 268/269, Grafik 14, über Anzahl der geleisteten Arbeitstage der Kriegsgefangenen.

Stalins Beweggründe für die Verurteilungsaktion

Stalin hat sich gleichwohl für die Großaktion 1949/50 entschieden. Es müssen starke Antriebe gewesen sein, die ihn trotz der entgegenstehenden Überlegungen dazu veranlaßt haben. Der Versuch, sie herauszufinden, mag bei den wenigen bisher bekannten dokumentarischen Unterlagen gewagt sein, muß man sich doch auf äußere Geschehnisse stützen, um eine Entscheidung, einen inneren Vorgang, zu erklären. Und dies bei einer so vielschichtigen Persönlichkeit, wie Stalin sie war, und bei einem weltweiten Entscheidungshintergrund. Aber wenn Archive verschlossen bleiben, ist ein derartiges Vorgehen nicht ungewöhnlich.

Es gibt viele brauchbare Anhaltspunkte, die zusammengenommen grundsätzliche Erkenntnisse zulassen. Ohne Bedenken können wir die folgenden historischen Vorgänge als bestimmend für Stalins Grundeinstellung zu Hitler-Deutschland ansehen.

1. Die Sowjetunion war von der deutschen Wehrmacht unter Bruch des Nichtangriffspaktes zwischen beiden Staaten überfallen worden.
2. Der deutsche Angriff war so ungeheuer wuchtig, daß er den Koloß Sowjetunion beinahe in die Knie gezwungen hatte.
3. Die Verluste der Sowjetunion an Menschen waren riesengroß, das Sowjetgebiet war in weiten Teilen verwüstet worden.
4. Die Existenz der bolschewistischen Partei, der Trägerin der kommunistischen Ideologie und Weltbewegung, war schwer gefährdet worden.

Jeder Sowjetrusse, der an verantwortlicher Stelle stand, muß angesichts der deutschen Anfangserfolge von einem Alpdruck erfaßt gewesen sein. Um so mehr Stalin, der die Sowjetunion führte, sich selbst mit ihr gleichsetzte und sich als den großen, alleinigen Führer der bolschewistischen Partei und der kommunistischen Weltbewegung betrachtete. Für Stalins Verhalten war neben seinem Selbstverständnis seine besondere charakterliche Veranlagung mitentscheidend. Der große Politiker und Staatsmann hatte dunkle Seiten, die in unserem Zusammenhang eine wichtige Rolle spielten. Er war nachtragend, rachsüchtig[1] und ein Mann von grausamer Konsequenz in der Verfolgung seiner Ziele. Millionen von seinen eigenen Mitbürgern waren seinen »Säuberungen« zum Opfer gefallen. Das ist so allgemein bekannt, daß keine Belegstellen angeführt werden müssen. Ein frühes Beispiel für seine Beurteilung aus den eigenen Reihen sei gleichwohl erwähnt. Sein Weggefährte Bucharin, von Lenin der Liebling der Partei genannt, von Stalin später hingerichtet, sagte schon 1928 über Stalin: »Er kennt nur die Rache und den Dolch im Rücken... Das ist ein neuer Dschingis Khan, der uns erwürgen wird.«[2]

Bei der Entstehung von Stalins tiefer Abneigung gegen die deutschen Hitler-Faschisten und die »faschistische deutsche Wehrmacht« spielte ein sehr persönliches Moment eine wichtige Rolle: sein Zorn darüber, daß er von Hitler verraten und überspielt, vielleicht sogar persönlich übertölpelt worden war. Er, der mit allen inneren Feinden in langen Jahren unter äußerst schwierigen Verhältnissen fertig geworden war, hatte sich in der Lebensfrage seines Landes von Hitler sozusagen »hereinlegen lassen«. Das konnte ein Mann wie Stalin niemals vergessen. Die haßerfüllte Grundeinstellung tritt uns schon unmittelbar nach Kriegsbeginn entgegen. Die Protestnoten der Sowjetregierung gegen den Angriff Deutschlands weisen in ihrer ungewöhnlichen, wenn auch verständlichen Schärfe in diese Richtung[3]. Noch deutlicher sind die programmatischen Ankündigungen späterer Haftbarmachung der Hitler-Anhänger. Besonders zu nennen ist der Ukas des Präsidiums des Obersten Sowjets vom 19.04.1943 über Kriegsverbrechen, der den Tod durch Erhängen androhte[4]. Hierher gehört auch die Moskauer Deklaration vom 17./30.10.1943 mit ihrer von Roosevelt, Churchill und Stalin unterzeichneten »Erklärung über Grausamkeiten«, die weitgehend Stalins Werk war. In ihr erlangte er die später sich so tragisch auswirkende Zustimmung der Alliierten, daß die Sowjetunion die in ihre Gewalt geratenen Gefangenen nach sowjetischem Recht aburteilen durfte. Wegen ihrer Bedeutung sei sie im Wortlaut wiedergegeben.

»Sobald irgendeiner in Deutschland gebildeten Regierung ein Waffenstillstand gewährt werden wird, werden jene deutschen Offiziere, Soldaten und Mitglieder der Nazipartei, die für die obigen Grausamkeiten, Massaker und Exekutionen verantwortlich gewesen sind oder an ihnen zustimmend teilgehabt haben, nach den Ländern zurückgeschickt werden, in denen ihre abscheulichen Taten ausgeführt wurden, um gemäß den Gesetzen dieser befreiten Länder... bestraft zu werden. So werden Deutsche,

... die teilgehabt haben an den Blutbädern ... in den Gebieten der Sowjetunion ... damit rechnen müssen, daß sie an den Schauplatz ihrer Verbrechen zurückgebracht und an Ort und Stelle von denjenigen Völkern abgeurteilt werden, denen sie Gewalt angetan haben ...«[5]
Ähnliche Formulierungen enthält Stalins Rede vom 06.04.1943. »... damit alle faschistischen Verbrecher, die an diesem Krieg und den Leiden der Völker schuld sind, ... die von ihnen begangenen Verbrechen mit harten Strafen sühnen werden«[6]. Die scharfen Androhungen hatten gewiß auch eine innenpolitische Richtung – sie sollten im Sowjetvolk den Haß gegen die Aggressoren schüren und die Kriegsmoral stärken –, gegenüber den deutschen Soldaten waren sie ernst gemeint.
Bis zu diesem Zeitpunkt treten uns Haß und Vergeltungswunsch als wohl stärkste Antriebsmomente entgegen, wenn auch gelegentlich andere Töne zu hören gewesen waren[7]. Aber Stalin wäre nicht der weitblickende Staatsmann und Politiker gewesen, hätte er sich nur von der Vergangenheit leiten lassen. Mit der Wende des Krieges bekam die Sicherung der Sowjetunion gegen eine Wiederholung von Kriegen ähnlicher Art immer mehr Gewicht. Das deutsche Volk als solches konnte nicht vernichtet werden. Da es weiterleben mußte, sollte es künftig unter Führung der Sowjetunion an der Neuordnung der Welt mitarbeiten. Dazu mußten die geistigen Träger des Faschismus und die Führer der deutschen Aggression endgültig beseitigt werden. Sie sah er vor allem in der deutschen Wehrmacht. Besonders deutlich ist Stalin auf der Teheran-Konferenz (28.11.–01.12.1943) geworden, auf der er sich schon als der eigentliche Sieger des Zweiten Weltkrieges gab[8]. Laut Churchill äußerte er hier, die ganze Kraft der gewaltigen Heere Hitlers beruhe auf etwa 50000 Offizieren und Technikern. Wenn man diese nach Kriegsende alle zuhauf treiben und zusammenschießen würde, wäre die militärische Macht Deutschlands erledigt. Gegen den Protest Churchills beharrte Stalin auf seinem Standpunkt, 50000 Mann erschießen zu lassen. Von dem Wunsch nach Vernichtung der Substanz der Wehrmachtsführung ist Stalin nicht wieder losgekommen. Nach dem Zusammenbruch Deutschlands stellte er die gleiche Forderung. Er bestand in Potsdam auf der Bestrafung von 50000 listenmäßig erfaßten Offizieren als Kriegsverbrecher. Die Westalliierten lehnten jedoch wiederum ab. Stalin konnte auch nicht erreichen, daß diese Offiziere im Abschnitt VI des Protokolls namentlich als Kriegsverbrecher aufgeführt wurden. Man kam lediglich überein, daß sich die alliierte Kriegsverbrecherkommission der Frage annehmen würde[9].

Trotz dieser Vorgänge wäre es eine allzu große Vereinfachung, die Massenprozesse gegen die deutschen Kriegsgefangenen allein auf die Rachsucht Stalins zurückzuführen, ebenso wie es zu einfach ist, alle seine Handlungen mit russischem Nationalismus und dem Streben nach Sicherstellung seiner persönlichen Macht zu erklären. Ein großes Gewicht muß seinem durch den Kriegsverlauf noch gestärkten Selbstgefühl und der inneren Überzeugung von seiner Sendung zugemessen werden. Wir werden nicht fehlgreifen, wenn wir neben den anderen Gründen seinen Glauben an die marxistisch-leninistische Ideologie und an seine eigene Mission herausstellen, an seine Aufgabe der Durchsetzung des Kommunismus in seinem Lande und in der Welt, und zwar unter Führung einer mächtigen Sowjetunion.

Für Stalin war die Auseinandersetzung mit Deutschland der totale Kampf der »faschistischen« Weltanschauung mit dem Kommunismus sowjetrussischer Prägung. Er sah den Krieg als einen verbrecherischen Angriffskrieg an, seine Durchführung stand nach seiner Überzeugung außerhalb jeden Rechts. Dementsprechend war für ihn jeder deutsche Soldat grundsätzlich ein Aggressor, jeder von ihnen konnte unmittelbar und persönlich für das Kollektivverbrechen des Angriffskrieges haftbar gemacht werden[10].

Die geschilderte ideologische und gleichzeitig nationalistische Ausgangsstellung führte nach der leninistischen Lehre und der eigenen Meinung Stalins zwangsläufig zur Notwendigkeit der Vernichtung des weltanschaulichen Gegners, hier also des faschistischen Feindes. Demgegenüber hatten alle anderen Überlegungen zurückzutreten. Für Stalin war es deshalb unwichtig, ob die Kriegsgefangenen persönliche Schuld auf sich geladen hatten. Sein politisches Credo, sein Sendungsbewußtsein als berufener Vollstrecker der kommunistischen Lehre, sein Nationalstolz, seine Rachsucht und seine jahrzehntelange Gewöhnung an gnadenlose Abschreckungs- und Abrechnungspolitik, die in dem millionenfachen Auslöschen menschlichen Lebens sogar der eigenen Nation nichts Vorwerfbares sah, trieben ihn zu seinem Entschluß[11]. Sie ließen in ihm allgemeinmenschliche Empfindungen selbst vier Jahre nach Kriegsende ebensowenig aufkommen wie etwa ein Mitgefühl mit den betroffenen Familien oder gar mit den deutschen Kriegsgefangenen selbst. Von den Affekten des Mitleids ist Stalin wohl in jeder Phase seines Lebens vollkommen frei gewesen[12].

Wir sollten auch die schon erwähnte, in diese Zeit fallende politische Niederlage der SU in der Berlin-Blockade nicht außer Acht lassen. Möglicherweise hat der geschlossene Widerstand der Westdeutschen und der Berliner seinen Haß gegen die »Faschisten« erneut angefacht. Die Koppelung von »Faschismus« und »deutsch« in Stalins Vorstellung ist unübersehbar. Man denke an die sofortige Aussiedlung der Wolgadeutschen nach Kriegsbeginn[13], an das Schicksal der Baltendeutschen und an den hohen Anteil von deutschen und deutschstämmigen Zivilisten in den Arbeits- und Besserungslagern (IT-Lagern) der Nachkriegszeit[14].

Stalin hatte noch viele »faschistische Kriegsverbrecher« in der Hand. Zwar konnte er sie nicht mehr liquidieren, wie er es früher mit seinen politischen Gegnern getan hatte. Aber wenigstens ein Teil von ihnen sollte noch lange seine harte Hand spüren und obendrein seinen politischen Unternehmen dienlich sein. Mit Sicherheit spielte bei ihm der Wunsch keine wesentliche Rolle, durch die Prozesse Arbeitskräfte für den Wiederaufbau der SU zu gewinnen. Die Zahl der Zurückbleibenden war zu gering[15], ihr körperlicher Zustand zu mäßig und ihre handwerkliche Ausbildung zu unbedeutend. Dagegen spricht auch die später, wenn auch auf westlichen Druck erteilte Erlaubnis zum Empfang von Heimatpaketen durch die Verurteilten. Denn damit fiel der Hunger weitgehend fort, der sich vorher überall so trefflich als Arbeitsantreiber bewährt hatte. Ebensowenig dürfte die Annahme begründet sein, Stalin habe die Prozesse als Nachweis für die deutsche Schuld an den Kriegszerstörungen im Hinblick auf künftige Reparationsforderungen gebraucht. Für diesen Zweck hätten die zahlreichen bereits durchgeführten Prozesse gewiß genügt[16].

Stalin mag bei seinem Entschluß auch an seine innere Politik gedacht haben. Die sowjetische Führung konnte mit den Verurteilungen deutlich machen, daß sie durch den kalten Krieg nicht beeindruckt worden war, unbeirrbar an den alten Grundsätzen der Partei festhielt und jeden Gegner zur Verantwortung zog, auch wenn er einer fremden Nation angehörte und seine Verbrechen lange zurücklagen. Sein Entschluß erscheint uns heute als logische Folge seiner politischen Anschauungen und seiner Persönlichkeit. Die Prozesse mußten in Gang gesetzt werden, wenn Stalin er selbst bleiben wollte. Dabei war Eile geboten, damit der von der Sowjetregierung verkündete Repatriierungstermin eingehalten werden konnte[17].

Wegen des Zeitdrucks war eine zusammengedrängte Großaktion unvermeidbar.

[1] Zur Rachsucht Stalins vgl. A. B. Ulam, Stalin, S. 379.

[2] Wolfgang Leonhard, Am Vorabend einer neuen Revolution? S. 29. Über die Bucharin-Verfolgung durch Stalin berichtet Solschenizyn, Archipel Gulag, S. 393ff.

[3] Nach A. B. Ulam, Stalin, S. 584, fürchtete Stalin, der Krieg werde seiner Macht den Todesstoß versetzen.

[4] Vgl. hierzu Bd. V, 1 (Bährens), S. 155/156.

[5] Vgl. Jahrbuch f. intern. u. ausländisches öffentliches Recht, Bd. II/III, S. 387ff.

[6] Bd. V, 1 (Bährens), S. 158, Brockhaus in IT-Lager..., S. 12.

[7] Vgl. Tagesbefehl Stalins an die Rote Armee v. 23.02.1942: »Es wäre lächerlich, die Hitler-Clique mit dem deutschen Volke, mit dem deutschen Staate gleichzusetzen. Die Erfahrungen der Geschichte besagen, daß die Hitler kommen und gehen, aber das deutsche Volk, der deutsche Staat bleibt« (Stalin, Der Große Vaterländische Krieg, S. 45).

[8] Vgl. Schulz, Die ehrbaren Erpresser, S. 74.

[9] Zitiert nach DRK-Suchdienst München, Abt. Dokumentationszentrale für Kriegsgefangene, Die IT-Lager und Gefängnisse in der UdSSR, I. Folge, R. A. Brockhaus, Die Deutschen Kriegsgefangenen in der UdSSR – Opfer einer politischen Strafjustiz, S. 11/12. Vgl. auch A.B. Ulam, Stalin, S. 560.

[10] Vgl. Maurach, Die Kriegsverbrecherprozesse, S. 25 und S. 48.

[11] Brockhaus verweist zutreffend auf den Zusammenhang der Vernichtung ganzer Personenkreise mit der sowjetischen Grundkonzeption von der Schaffung einer völlig neuen Gesellschaftsordnung. A.a.O. S. 12.

[12] Schulz a.a.O. S. 65.

[13] Die Zwangsumsiedlung der Wolgadeutschen und die gleichzeitige Trennung ihrer Familien wurden in dem Deportationsdekret Stalins v. 28.08.1941 mit »aktiver Hilfe« und »Vorschub« für die faschistischen deutschen Eroberer« begründet. Erst mit dem Dekret des Obersten Sowjets vom 29.08.1964, veröffentlicht im Gesetzblatt v. 05.01.1965, wurden die Vorwürfe amtlich als »unbegründete pauschale Beschuldigungen und als Ausdruck der Willkür unter den Bedingungen des Personenkults Stalins« bezeichnet, eine gewisse Beistandsleistung wurde für die deutsche Bevölkerung der SU verfügt. Zitiert nach Weißbuch der CDU/CSU-Fraktion des Deutschen Bundestages über die menschenrechtliche Lage in Deutschland und der Deutschen in Osteuropa, 1977, S.62.

[14] Nach Bährens in Bd. V, 1, S. 47, waren von den in diesen Lagern festgehaltenen Deutschen 48% Zivilpersonen.

[15] Überzeugend weist dies die Grafik 14 in Bd. IV (Ratza), S. 269, aus.

[16] Ebenso Böhme in Bd. VII, S. 156.

[17] Bei den deutschen Zivilgefangenen ließ man sich Zeit, für ihre Repatriierung bestand kein Terminzwang. Ihre Verurteilungen erreichen erst 1950 den Höhepunkt und endeten 1953. Vgl. Bährens, Bd. V, 1, S. 35f.

Der Befehl zur Großaktion 1949/1950

Der Befehl zur Durchführung der Massenprozesse gegen die Restgruppe deutscher Kriegsgefangener wird etwa im Frühjahr 1949 ergangen sein. Näheres über ihn werden wir direkt nicht erfahren, da die sowjetischen Archive verschlossen bleiben. Sicher erscheint, daß der Befehl von Stalin erteilt worden ist und mindestens in seinen Grundzügen von ihm stammt. In einer so wichtigen Angelegenheit mit weltweiten Auswirkungen konnte das nicht anders sein. In der Ära des noch immer zunehmenden Stalin-Kults wurden in den öffentlichen Publikationen alle wichtigen Entscheidungen Stalin zugeschrieben[1], und dies gewiß nicht ohne Grund, besaß er doch eine unbegrenzte und von niemand kontrollierte persönliche Machtstellung[2]. Der oft genannte Berija war wohl der mächtige Chef der Staatssicherheitsorgane, trotz dieser Stellung aber nur ein Gefolgsmann, der Stalins Befehle ausführte.

Hier sei die Frage erörtert, ob Stalin mit der Einleitung der Massenprozesse den Weg fortgesetzt hat, den er bei Kriegsbeginn beschritten hatte, oder ob die Großaktion eine neue Verfolgungswelle gewesen ist. Die Klärung dieser Frage kann für die Bewertung der Prozesse von 1949/50 nützlich sein. Einen Anhaltspunkt bietet eine zeitvergleichende Gegenüberstellung der Verurteilungen. Bährens hat eine Zeittafel für alle Verurteilungen zusammengestellt[3]. Sie zeigt für 1947 und 1948 eine Steigerung auf 8,5 % bzw. 20,4 % und dann im Jahre 1949 ein Hochschnellen der Verurteilungen auf 60,2 %. Sehr wahrscheinlich hängt die auffällige Zunahme der Prozesse mit dem Herannahen des Endtermins für die Repatriierung zusammen.

Unter Berücksichtigung der uns bekannten Umstände nehmen wir folgendes an: Die bei Kriegsende und bald danach ins Auge gefaßten und durch Vernehmungen vorbereiteten Prozesse wurden in der Masse im Jahre 1948 zu Ende gebracht, neue aber nicht oder kaum mehr eingeleitet. Etwa im Zeitpunkt des Memorandums Stalins vom 21.01.1949, das den

Endtermin endgültig auf den 31. 12. 1949 festlegte, wurde für die beteiligten Stellen der Sowjetregierung das Problem der Gesamtrepatriierung der deutschen Kriegsgefangenen sehr dringlich. Dabei muß auch die Frage nach etwaigen weiteren Prozessen einbezogen worden sein. Gegebenenfalls mußten die organisatorischen Maßnahmen in den Lagern und auf der MWD-Seite den veränderten Gefangenenzahlen angeglichen und die Rücktransporte entsprechend bemessen werden. Erst in diesem Zeitpunkt wird vermutlich die Frage einer neuen Prozeß-Großaktion geregelt worden sein. Es ist unwahrscheinlich, daß von vornherein, also bald nach Kriegsende, eine Gesamtzahl oder Richtzahl für Kriegsverbrecherprozesse festgelegt worden ist[4].

Dagegen spricht, daß bis Ende 1948 erst der dritte Teil der Prozesse abgewickelt war. Ein solcher Rückstand ist unvereinbar mit der straffen Führung der MWD-Dienste und der Disziplin der ausführenden Offiziere, ganz abgesehen von der Stalin-Furcht jener Zeit. Ein derartiges Zurückbleiben hinter dem Verurteilungs-Soll wäre Pflichtverletzung, Sabotage der Planerfüllung und Mißachtung eines Stalin-Befehls gewesen. In der Zeit des Hoch-Stalinismus hätte das die Liquidierung der Schuldigen bedeutet. Anders wäre die Lage zu beurteilen, wenn für alle deutschen Soldaten von vornherein zehn bis zwölf Jahre Gefangenschaft vorgesehen gewesen wären. Dann könnten die niedrigen Verurteilungszahlen noch zeitgerecht gewesen sein, die MWD-Organe hätten noch viele Jahre zur Verfügung gehabt. Aber eine solche Annahme erscheint als utopisch.

Diese Überlegungen sprechen für die Annahme, daß die neuen Kriegsverbrecherprozesse im Zusammenhang mit dem erwähnten Stalin-Memorandum festgelegt worden sind und daß der Durchführungsbefehl erst in dieser Zeit der MWD-Führung zugeleitet worden ist[5]. Ziel und Inhalt des Befehls können nur im Rückschluß aus dem Ablauf der Aktion ermittelt werden. Zur Gewinnung eines zutreffenden Urteils müssen wir uns über die vorangegangenen Verfolgungen informieren. Erst im Vergleich mit ihnen lassen sich die Besonderheiten der Großaktion erkennen. Dabei sind neben wenigen dokumentarischen Unterlagen wieder die Heimkehreraussagen unsere wichtigste Quelle.

---

[1] Vgl. Leonhard a.a.O. S. 43. Stalins Name kam durchschnittlich auf einer Seite der Prawda fünfzig- bis sechzigmal vor.

[2] Klaus-Peter Schulz a.a.O. S. 61.

[3] Bährens Bd. V, 1, S. 35, vgl. besonders die Verurteilungsgrafik auf S. 36.

[4] Brockhaus beurteilt die Prozesse als frühzeitig geplante Aktion zur Vernichtung von Systemgegnern. A.o.O. S. 12.

[5] Nach einem Heimkehrerbericht (H 55) erzählte Anfang 1950 ein sowjetischer Lageroffizier, der die soeben verurteilten Kriegsgefangenen beruhigen wollte, Stalin habe 1949 einen Rapport über die Zahl der bisherigen Verurteilungen verlangt und einen Tobsuchtsanfall bekommen, als er hörte, bisher seien nur 5000 deutsche Kriegsgefangene als Kriegsverbrecher verurteilt worden.

Die vorangegangenen Verfolgungen von Kriegsgefangenen

Sofort-Urteile bei Kriegsende

Die Sowjetregierung hatte, wie an anderer Stelle erwähnt, schon während des Krieges in mehreren Verlautbarungen deutsche Soldaten und Besatzungsangehörige schwerer Greueltaten und anderer Kriegsverbrechen bezichtigt und die Bestrafung der Schuldigen angekündigt. Sie stützte sich dabei offenbar u. a. auf Darstellungen aus der Roten Armee, Bevölkerungsbefragungen und Untersuchungen in den betroffenen Gebieten der SU. Wir kennen diese Unterlagen nicht und wollen ihre Glaubwürdigkeit nicht grundsätzlich anzweifeln; robuste Beeinflussungen der Bevölkerung bei Untersuchungen sind allerdings bekannt geworden. Keinesfalls wollen wir in Abrede stellen, daß während des Krieges besonders in rückwärtigen Gebieten bedauerliche Übergriffe und Schlimmeres geschehen sind.

Ernste Bedenken sind aber bei Bekundungen der Bevölkerung über Verbrechen der kämpfenden Truppe angebracht. Im eigentlichen Kampfgebiet sind verläßliche Beobachtungen von Kriegshandlungen äußerst schwierig, ihre Zusammenhänge sind für ungeschulte Beobachter kaum zu erkennen. Die Entscheidung, was gebotene Kriegshandlung war und was nicht, könnte – von Ausnahmen abgesehen – wohl nur ein internationales Fachgremium treffen. Die auf der Sowjetseite vertretene Anschauung, alle Kriegshandlungen der Deutschen seien verbrecherisch gewesen, da die Entfesselung des Krieges ein Verbrechen war, ist unhaltbar. Die Frage wird später behandelt werden. Wir stehen daher den in der letzten Kriegsphase und nach der Kampfeinstellung von sowjetischen Kriegsgerichten gefällten Sofort-Urteilen mit Vorbehalt gegenüber[1]. Sie endeten meist mit der Verhängung der Todesstrafe. Anfänglich wurde diese sogleich an Ort und Stelle unter dem Zulauf der Bevölkerung vollstreckt[2]. Später wurden Freiheitsstrafen ausgesprochen. Ein Mikrozensus gibt ein ungefähres Bild über die Häufigkeit der Verurteilungen jener Zeit.

Auf das Jahr 1944 entfallen 0,1 %,
1945 0,9 % und
1946 1,3 %
aller Kombattanten-Verurteilungen in der Sowjetunion[3].

Verfolgungen in den Gefangenenlagern

Sehr bald hatte es sich als unmöglich erwiesen, mit Hilfe der Bevölkerung deutsche Soldaten oder Besatzungsangehörige zu ermitteln, die sich eines Kriegsverbrechens oder eines Verbrechens gegen die Menschlichkeit schuldig gemacht haben sollten. Die zu diesem Zweck durchgeführten Gegenüberstellungen von Sowjetbürgern mit Kriegsgefangenen sind anders als von der Sowjetseite erwartet verlaufen. Die Befragten, meist waren es naturgemäß Frauen, haben in vielen Fällen die Gefangenen mehr entlastet als belastet[4]. Die für Sowjetverhältnisse geringen Ergebnisse dieses Vorgehens wiesen die Sowjet-Dienststellen auf eine mit bestem Erfolg angewandte andere Methode hin. Man konnte die Verbrecher mit Hilfe der MWD- und MGB-Kader unter den Millionen deutscher Kriegsgefangener unmittelbar suchen und sie aus den Lagern herausfinden. Dabei sollte das eigene Geständnis des Gefangenen als bestes Beweismittel das Hauptziel sein, erst an zweiter Stelle würden die Aussagen von Zeugen notwendig werden.
Diesen Weg beschritt die von Stalin geführte Sowjetunion.

Allgemeine Befragungen und Klassifizierung der Gefangenen

Allgemein wird geschildert, daß systematische Befragungen der Gefangenen sehr früh, spätestens nach Erreichen des ersten Arbeitslagers begonnen haben. Der Sowjetführung standen in den MWD- und MGB-Kadern vorzüglich geschulte und erfahrene Kräfte zur Verfügung. Sie beherrschten die Vernehmungstechnik in jeder Hinsicht und befolgten die Weisungen ihrer Leitung mit absoluter Zuverlässigkeit[5]. Offiziere dieser Art wurden in den Kriegsgefangenenlagern in der »Operations«- oder operativen Abteilung eingesetzt. Sie begannen zunächst mit Gefangenen-Gesprächen, die harmlos erschienen, es aber in Wahrheit nicht waren. Die Unterhaltungen sollten den Politoffizieren einen Eindruck von der Persönlichkeit der Kriegsgefangenen vermitteln, dabei den Gefangenen klarmachen, daß sie ihr Selbstbestimmungsrecht verloren hatten, der Sowjetmacht auf Gedeih und Verderb ausgeliefert waren und auf Hilfe von außen nicht zu rechnen brauchten. Sie dienten gleichzeitig dem Ziel, Lagerspitzel zu gewinnen und Handlungen der Kriegsgefangenen ans Tageslicht zu bringen, die als Verfehlungen oder Verbrechen im sowjetischen Sinne gelten konnten. Diese Informationsgespräche mit Ermittlungstendenzen übten naturgemäß eine starke Wirkung auf die Gefangenen aus. Wie sollte man sich verhalten? Galt nach dem völligen Zusammenbruch des Deutschen Reiches die soldatische Pflicht zur Verschwiegenheit gegenüber dem Feind weiter, oder war der Gegner kein Feind mehr und nun erlaubt, was bisher verboten war? Was mochte es bedeuten, wenn man seinen Lebenslauf mit Angaben über den Kriegseinsatz niederschreiben und mehrmals wiederholen mußte, obwohl man immer dasselbe angab und dabei ein gutes Gewissen hatte?! Warum wurden die kriegsgefangenen Soldaten nach Parteizugehörigkeit und politischer Betätigung in der Friedenszeit gefragt? Was sah man in der Sowjetunion möglicherweise als strafbar an? War jeder gefährdet, der irgendwie in NS-Organisationen mitgemacht hatte? Auf dem Fundament von mangelnder Unterrichtung, Unsicherheit, Besorgnis und Einschüchterung auf der einen, von häufig brutaler Machtdemonstration und absichtlicher Geheimniskrämerei auf der anderen Seite wurde der »Blaue« in jedem Lager allmählich zum gefürchteten Geheim-Inquisitor aufgebaut. Die Gefangenen verloren in weitem Umfang ihre Unbefangenheit und ihr Selbstvertrauen.

Die Befragungen der Anfangszeit können nicht als Beginn einer förmlichen Untersuchung gewertet werden. Sie waren weder gegen eine bestimmte Person noch auf einen bestimmten strafbaren Sachverhalt gerichtet. Man wird sie als polizeiliche Ermittlungen allgemeiner Art aufgrund ständiger Verwaltungsübung anzusehen haben.

Allmählich wurden so über alle Kriegsgefangenen schriftliche Unterlagen geschaffen, die der operativen Abteilung eine Klassifizierung jedes einzelnen erlaubten. Neben den berüchtigten Lebensläufen füllten Berichte von Spitzeln die Akten. Sie waren in allen Lagern eingesetzt und gaben wirkliche oder auch erfundene Aussagen der Bespitzelten wider, nicht selten Äußerungen von gutgläubigen Kameraden, die in aller Unbefangenheit gegeben, »Interessantes« über den Betroffenen enthielten. Der Einordnung der Gefangenen in Arbeitskategorien stand damit eine geheime Gruppierung durch die operative Abteilung gegenüber. Hier waren die Gefangenen nach ihrer politischen und militärischen Vergangenheit, ihrer derzeitigen Einstellung zur Sowjetunion und ihrer Bereitschaft zur Mitarbeit in sowjetischem Sinne, insgesamt nach ihrer Verwendbarkeit und ihrer potentiellen Gefährlichkeit im Falle der Repatriierung geordnet. Diese Beurteilung wurde für das Schicksal jedes einzelnen von ausschlaggebender Bedeutung, denn das letzte Wort über die gefürchteten Verlegungen in andere Lager und vor allem über die Heimkehr sprach immer der Operativ-Offizier. Und er traf seine Entscheidungen anhand der geschilderten, von geschulten Offizieren zusammengetragenen Polit-Beurteilung.

Die Einzelverfolgungen bis Ende 1948

Wenn die Operativ-Offiziere vermuteten, einem Verbrecher auf der Spur zu sein, gingen die Befragungen in Vernehmungen und Verhöre über. Bis 1948 waren sie im allgemeinen darauf angelegt, dem Kriegsgefangenen persönlich begangene Einzelhandlungen anzulasten. Das geschah in Formen, die nicht sofort durchschaubar waren, denn die Kriegsgefangenen hatten es mit Vernehmungsexperten zu tun, die ihnen in der Verhandlungstaktik und -psychologie weit überlegen waren, überdies bedenkenlos in der Wahl ihrer Mittel. Die Veränderung ihrer Situation erkannten die Gefangenen erst, wenn sie häufiger zum »Blauen« geholt wurden, der vernehmende Offizier immer wieder auf den gleichen Fragen herumritt und immer schärfer verlangte, der Gefangene solle endlich die Wahrheit sagen. Jetzt erst fingen sie an zu begreifen, daß sie einer Straftat beschuldigt wurden. Ihnen war meist nicht klar, worin die Strafbarkeit ihres Verhaltens liegen sollte, denn es handelte sich um Kriegsvorgänge und in aller Regel um die Ausführung von Befehlen. Wenn der Gefangene nicht »gestand«, wurde das Katz-und-Maus-Spiel fallengelassen, die »harten« Vernehmungen begannen. Die dabei angewandten Methoden waren sich überall sehr ähnlich. Die Gleichheit des Vorgehens ist nicht verwunderlich, denn die Vernehmenden hatten Ausbildungsgänge nach Lehrbuch durchlaufen und wandten das gelernte Verfahren an. Wir treffen daher in den Berichten, mögen sie in die frühe Kriegsgefangenschaft oder das letzte Jahr gehören, auf erstaunlich ähnliche Schilderungen. An ihrer Wahrheit ist nicht zu zweifeln. Vor 1949 schloß sich den Vorverfahren in der Regel ein Individualprozeß an, der Kriegsgefangene wurde von einem MWD-Militärtribunal wegen der ihm persönlich zur Last gelegten Straftat zu meist 25 Jahren Freiheitsentzug verurteilt. Nicht selten wurden auch die von den Kriegsgefangenen als Fernurteile bezeichneten OSSO-Verfahren durchgeführt, in denen der Gefangene in Abwesenheit durch schriftliche Verfügung eines beim Innenministerium bestehenden Sonderausschusses, oft »Dreier-Ausschuß« genannt, für 10 bis 25 Jahre in ein Arbeits- und Besserungslager eingewiesen wurde.

Mit einem förmlichen Strafprozeß hatten die OSSO-Verfahren nichts zu tun. Sie stützten sich ausschließlich auf Aktenunterlagen und kannten nicht die geringste rechtliche Absicherung des Verfolgten. Ihr Spruch wurde in geheimer Sitzung nach schriftlichem Verfahren gefällt. Solschenizyn charakterisiert diese »nirgendwo, weder in der Verfassung, noch im Gesetz erwähnten« Kommissionen, die in angespannten Zeiten nicht nur beim Innenministerium in Moskau, sondern auch außerhalb arbeiteten, wie er berichtet, als juristisch ungebunden. Ihre Verwaltungsstrafen konnten bis zu 25 Jahren betragen, es gab keine Berufungsmöglichkeit. OSSO »unterstand niemandem als dem Innenminister, Stalin und Luzifer«[6].

Insgesamt fallen in die dreieinhalb Jahre bis Ende 1948 etwa 30 % aller Bestrafungen von Kriegsgefangenen mit den üblichen 25 Jahren Arbeits- und Besserungslager, in wenigen Fällen mit einem geringeren Strafmaß. Der Anteil der OSSO-Verfahren ist schwer zu bestimmen, für kriegsgefangene Soldaten und Zivilisten zusammen liegt er bei etwa 21 % der bis Ende 1948 abgewickelten Verfahren[7].

Von einer eingehenden Behandlung dieser Verfolgungsperiode wird trotz ihrer zeitlichen Länge und der hohen Zahl der Verurteilungen abgesehen. Bährens hat sich über die Erforschung der Strafvollstreckung hinaus dankenswerterweise mit den Verfahren befaßt. Viele Einzelheiten, dabei die Organisation der Strafverfolgungsbehörden und der Gerichte sowie die angewandten Rechtsvorschriften, können bei ihm nachgelesen werden[8]. Er vermittelt beispielhafte Schilderungen, so den präzisen Bericht eines einzeln verfolgten Kriegsgefangenen über seinen Weg durch das Labyrinth der sowjetischen Justiz[9]. Nach sorgfältiger Auswertung von Tausenden von Heimkehreraussagen kommt Bährens zu wichtigen Erkenntnissen für die Beurteilung der Kriegsverbrecherprozesse, vielfach unter Einbeziehung der hier nicht behandelten Zivilpersonen (Nicht-Kombattanten). Er füllt auf diese Weise einen beträchtlichen Teil der von der Zentralen Rechtsschutzstelle des AA offengelassenen Lücke aus. Die eingehende Behandlung der summarischen Verfahren und der Kollektivurteile hat er wohl begonnen, aber nicht weiterführen können. Wir können auf seiner Arbeit aufbauen, weil sich die Vorgeschichten von Einzelprozessen und späteren summarischen Verfahren vielfach decken. Nicht selten sind Individualprozesse nicht zu Ende geführt und später als Kollektivprozesse im summarischen Verfahren wieder aufgenommen worden[10].

---

[1] Die zahlreichen Darstellungen von individuellen Frühprozessen in der Dokumentation rechtfertigen den Schluß, daß sie noch willkürlicher geführt worden sind als die von uns behandelten summarischen Spätprozesse.

[2] Hinweise bei Brockhaus a.a.O. S. 11, Borowitschi S. 211/212.

[3] Vgl. Jahresüberblick in Bd. V,1 (Bährens), S. 35.

[4] Vgl. z. B. Holzapfel, W., Die aus Finsternis Licht und aus Licht Finsternis machen, S. 67/68.

[5] Einen Überblick über Aufgaben und Einsatz von MWD und MGB gibt Bährens in Bd. V, 1, S. 92–94. – Maurach weist auf die Parallele zur Gestapo in der Hitlerzeit hin. A.a.O. S. 78.

[6] Solschenizyn, Archipel Gulag S. 274–276. S. hierzu auch Maurach, Handbuch der Sowjetverfassung S. 177 und Bährens in Bd. V, 1 S. 148 und 181ff.

[7] Vgl. Bährens, Bd. V, 1 S. 35 und 149.

[8] Bährens a.a.O. S. 22–47, 76–99, besonders S. 145–184.

[9] a.a.O. S. 167–172.

[10] Vgl. auch die Analysen von 1000 Spätheimkehreraussagen in Bd. V, 1 (Bährens) S. 93. Vgl. auch Borowitschi S. 211ff.

Die Großaktion 1949/1950

Massierte Vorverfahren

Was sich bisher in Einzelfällen abgespielt hatte, wiederholte sich 1949 im großen. Nach dem Willen Stalins waren Zehntausende von Strafverfahren gegen deutsche Kriegsgefangene abzuwickeln. Bestimmungsgemäß mußten den eigentlichen Gerichtsverfahren vor den Militärtribunalen Vorverfahren vorangehen, in denen die Beweise für die behaupteten Verbrechen aktenmäßig festgelegt wurden. Der Akteninhalt war so zu gestalten, daß er die Verurteilung des Kriegsgefangenen ermöglichte. Auf ihn stützte sich später im Hauptverfahren die Anklagebehörde (Prokuratur) und das Gericht (Militär-Tribunal der MWD-Truppen).

Für die Vorverfahren war das Innen-Ministerium (MWD) zuständig, dieselbe Behörde, deren Offiziere die Lager durchleuchtet und die Einzelverfahren vorbereitet und in Gang gesetzt hatten. Auf die Parallele zur Gestapo war durch Maurach schon hingewiesen worden[1].

Die Großaktion von 1949 begann mit der Mobilisierung von starken Gruppen von MWD-Offizieren. Ab April 1949 wurden die Operationsabteilungen der Kriegsgefangenenlager schlagartig verstärkt. Über die Kriegsgefangenen ergoß sich eine Welle von Vernehmungen, die z. T. in besonders bereitgestellten Untersuchungsräumen stattfanden, z. T. hatte man Baracken zu diesem Zweck errichtet[2].

Die Situation der Gefangenen, die aufgrund des neuen Stalin-Befehls verfolgt wurden, unterschied sich von der bisher gegebenen Lage beträchtlich. Denn inzwischen hatte die Sowjetregierung eine entscheidende Wendung vollzogen.

Für eine Anklage genügte es jetzt beispielsweise schon, daß der Täter unter die später zu erläuternden Verdachts- und Gesinnungstatbestände gebracht werden konnte oder daß er zu einer Einheit oder einem Dienst gehörte, denen angebliche Kriegsverbrechen nachgesagt wurden. Eine spezielle Tat, ein spezielles Unterlassen brauchte nicht mehr vorzuliegen. Hunderte von Urteilen sind Beweis für diese Praxis. Die Lage der Gefangenen war bei der neuen Situation ungleich schwieriger als vorher. Ein Strafrecht ohne persönliche Schuld war ihnen bisher unbekannt und völlig unverständlich. Sie waren daher nicht nur nervlich und seelisch schwer bedrängt, sondern vielfach hilflos. Dies um so mehr, als ihnen die fraglichen Gesetzesbestimmungen meist gar nicht im einzelnen mitgeteilt wurden.

Die Vernehmungsmethoden und ihr Ergebnis

Die Vernehmungsmethoden waren in dem neuen Verfolgungsabschnitt ebenso rücksichtslos und brutal wie vorher[3].

Sie wurden meist mit der Warnung eingeleitet, der Gefangene würde bestraft werden, wenn er die Unwahrheit sagte, denn er würde als Zeuge in eigener Sache vernommen, eine falsche Zeugenaussage wäre strafbar. Diese Verdrehung der rechtlichen Situation ist kennzeichnend für das Verfahren. Selbstverständlich ist die Drohung eine reine Spiegelfechterei. Der Zeuge gegen sich selbst ist nach europäischer Auffassung ein Widerspruch in sich, Zeuge kann nur ein anderer als der Angeklagte sein. Überdies kannte und kennt das sowjetische Prozeßrecht keinen Wahrheitszwang für den Angeklagten.

Die Drohung mit einer auf ihn nicht anwendbaren Strafbestimmung, deren Fehlerhaftigkeit der Gefangene nicht erkannte, sollte ihn erschrecken, unsicher machen und seine Widerstandskraft lähmen. Der psychologische und seelische Druck wurde mit vielen Mitteln rücksichtslos verstärkt. Es gab Dauerverhöre, die stundenlang anhielten, ständige Drohungen, Versprechungen, Fangfragen, sich ablösende Vernehmungsoffiziere, körperliche Mißhandlungen (Fausthiebe in Nacken und Gesicht, Schlagen mit Pistolenknäufen), stundenlange »stramme Haltung«. Bei Verweigern des »Geständnisses« Stehzelle oder Dunkelkarzer auf längere Zeit, Vollzug verschärft durch Hunger, scharf gesalzene Kost ohne Trinkwasser, Entziehung von Mänteln und Oberbekleidung. Nach tage- oder wochenlanger Karzer- oder »Bunker«-Haft erneute Vernehmungen unter Wiederholung der Mißhandlungen[4].

Ziel war immer das Geständnis, weil für die angeblichen Verbrechen außer unter Druck gesetzten Mitgefangenen und Lagerspitzeln keine wirklichen Zeugen vorhanden waren. Es gab auch Vernehmungen ohne brutale

Gewalt, besonders wenn die Anklage auf Zugehörigkeit zu einer Einheit oder Dienststelle gestützt werden sollte und der Gefangene seine Zugehörigkeit nicht bestritten hatte. Lag kein Geständnis vor und blieb der Gefangene standhaft, schritt man neben der Gewaltanwendung auch zu Täuschungen. Der Dolmetscher ließ in der mündlichen Übersetzung die beanstandete Stelle weg oder übersetzte sie falsch, oder er fügte belastende Aussagen heimlich ein.

In jener Zeit hingen dunkle Wolken von Sorge und Mißtrauen über den Gefangenenlagern. Immer wieder haben die Betroffenen später vorgebracht, daß den einzelnen Lagern von ihren zuständigen Gebietsverwaltungen, diesen wiederum »von Moskau« vorgeschrieben worden sei, wieviel Kriegsverbrecher sie zu »liefern«, d.h. wieviel für die Höchststrafe ausreichende Akten sie zu erstellen hatten. Inwieweit die örtlichen Stellen freie Hand in der Auswahl von Opfern hatten, ist nicht zu klären. Entsprechende Beobachtungen sind allerdings bekundet worden[5]. Sicher ist, daß die zentralen Stellen die größte Zahl der Prozeßopfer namentlich bezeichnet haben. Unterlagen waren in den Gefangenenakten seit 1945 fleißig zusammengetragen worden. Sie und damit die Eingruppierung der Kriegsgefangenen standen der Zentrale zur Verfügung[6]. Zu erwähnen ist auch der mehrfache Hinweis in Heimkehreraussagen, daß den Vernehmungsoffizieren Prämien in Aussicht gestellt worden seien, wenn sie schnell und erfolgreich arbeiteten. In der Tat entsprach die Gewährung von Prämien einer sowjetischen Gepflogenheit bei der Auszeichnung von Bestarbeitern. Schließlich, so meinten die Heimkehrer, seien die Vernehmungen und die Protokolle ja die »Arbeit« der Offiziere gewesen.

Es liegt auf der Hand, daß Prämienaussichten vermehrt zu harten Vernehmungen führten.

Als das Jahr 1949 sich neigte, war das befohlene Ziel durch die gekonnte Arbeit der Operativ-Offiziere erreicht:

In etwa 25000 Vorverfahren waren die zur Verurteilung von deutschen Kriegsgefangenen nötigen Akten-Unterlagen erstellt.

Würdigung der Vernehmungen und Protokolle

Im Vorstehenden ist eine geraffte Zusammenstellung von Tatsachen gegeben, die durch sehr viele Heimkehreraussagen belegt sind. Die ersten verurteilten Heimkehrer von 1950 haben so berichtet, die Heimkehrer von 1953 und 1955 haben dasselbe ausgesagt.

Alexander Solschenizyn hat die ihm in seiner Lagerzeit bekannt gewordenen Formen der Vernehmung in 31 Ziffern aufgeführt[7]. Der Katalog ist erschreckend. Die Ähnlichkeit seiner Schilderung mit den Aussagen der Kriegsgefangenen spricht für die Zuverlässigkeit der Berichte beider Seiten. Solschenizyn trifft die Sachlage genau: »So einfach ist das gekoppelt: Wenn Anklage um jeden Preis erhoben werden soll, sind Drohungen, Gewalt und Folter unvermeidlich; und je phantastischer die Anklage ausfällt, desto härter muß die Untersuchung sein, um ein Geständnis zu erzwingen«[8].

Mit den Vernehmungen und den aus ihnen herrührenden Protokollen haben sich notwendigerweise alle Untersuchungen der sowjetischen Kriegsverbrecherprozesse beschäftigt. Sie stimmen im Ergebnis überein. Die erste Analyse und Bewertung stammt von Prof. Reinhart Maurach, s. Z. Ordinarius für Strafrecht und osteuropäisches Recht an der Universität München. Er kommt zu dem Ergebnis: »Nach sämtlichen, insoweit übereinstimmenden Angaben handelt es sich nicht um Vernehmung, sondern um systematische Aussageerpressung; es wechseln nur die Methoden je nach der Brutalität oder der Erfindungsgabe des einzelnen Vernehmungsoffiziers«[9]. Diese erste Bewertung hat sich später als zutreffend erwiesen. Die Aussagen der erreichbaren Heimkehrer von 1953 sind statistisch ausgewertet worden. Einige wichtige Ergebnisse seien genannt[10].

In 82,71 % der Fälle wurden keine Zeugen gehört.

In 44,07 % wurden beantragte Protokoll-Berichtigungen abgelehnt, in 17,93 % wurde den Anträgen entsprochen, in 2,57 % nur zum Teil.

In 27,93 % wurde das Protokoll freiwillig unterzeichnet, in 42,50 % wurde nicht freiwillig unterzeichnet,
in 26,79 % wurde das Protokoll nicht unterschrieben.

In 82,93 % der Fälle durften die Ermittlungsakten nicht eingesehen werden.

Besonders bedeutsam: In 62,85 % waren die Vernehmungsmethoden nicht einwandfrei (Drohung bis Folterung)[11].

Angesichts der nachgewiesenen Drohungen, der willkürlichen Einsperrungen, des psychischen Zwangs und der körperlichen Brutalitäten müssen die Vernehmungen als außerhalb des Rechts stehend angesehen werden. Sie haben nicht nur gegen grundsätzliche Rechtsanschauungen und Regelungen der westlichen Welt verstoßen, sie sind auch durch das sowjetische Recht nicht gedeckt. Das sowjetische Strafprozeßrecht verbietet den Zwang gegen den Angeklagten (Art. 136 StPO/RSFSR) und stellt die

Nötigung zur Aussage unter Strafe (Art. 115 StPO/RSFSR). Und was für den eigentlichen Strafprozeß verboten ist, kann nicht im Vorverfahren erlaubt sein. Maurach beurteilt das Vorverfahren als eine »unverfälschte Inquisition unter Verwendung aller Mittel, die durch den Zweck geheiligt werden«[12].
Die auf diese höchst anfechtbare Weise zustande gekommenen Protokolle konnten keine verläßlichen Urteilsunterlagen sein. Gleichwohl hat man sie zur Grundlage der späteren Verurteilungen gemacht. Die Urteile stehen daher, das muß bereits hier festgestellt werden, von vornherein auf sehr schwachen Füßen.

Die Verhaftung

Über die Vorgänge nach Abzug der Vernehmungsoffiziere aus den Lagern gehen die Darstellungen auseinander. In einem Teil der Aussagen wird von einer sich sehr bald anschließenden »Verhaftung« gesprochen. Die Betroffenen wurden teils einem Gefängnis überstellt, teils im gleichen oder einem anderen Lager eingesperrt[13]. Andere berichten, daß sie längere Zeit wieder ihrer Arbeit nachgehen konnten und erst dann »verhaftet« wurden. Abgesehen von dem Widersinn, daß ein bereits Eingesperrter nochmals verhaftet wird, scheint es sich bei der Bezeichnung um das Übernehmen eines hier unangebrachten Ausdrucks aus der Praxis der Militärtribunale zu handeln. Denn ein Haftbefehl, eine ausdrückliche, auf den einzelnen Gefangenen bezogene schriftliche Anordnung eines Gerichts oder einer Staatsanwaltschaft wurde nur vereinzelt vorgelegt. Es trat einfach eine Zwangsabsonderung von den übrigen Kriegsgefangenen ein. Diese Veränderung war allerdings so einschneidend, daß sie in der Tat mit der Verhaftung eines normalen Bürgers oder Rotarmisten verglichen werden konnte. Der Kriegsgefangene schied damit aus den gewohnten Lebensumständen aus. Er vertauschte die relative Geborgenheit in den von deutschen Lagerleitungen mitverwalteten Kriegsgefangenenlagern mit den schlimmen Zuständen in sowjetischen Gefängnissen, günstigenfalls mit dem Lagerkarzer oder abgesonderten Lagergebäuden bei entsprechendem Regime. Der Unterschied war außerordentlich groß, wenn auch die verhafteten Deutschen meist zusammenblieben und sich daher der ganzen Härte des neuen Daseins nicht sofort bewußt wurden. Einem in westlichem Denken beheimateten Beobachter bleibt es unverständlich, daß eine so weitgehende Veränderung, die Überführung aus der unter

Völkerrecht stehenden relativen Freiheit der Kriegsgefangenschaft in eine strenge, nur innerstaatlichen Rechtssätzen unterstellte Einschließung, die einen Prozeß mit den schwersten Strafen befürchten ließ, ohne Form ablief, ohne Belehrung und ohne die Möglichkeit, ein Rechtsmittel einzulegen. Auch hier muß der Vorwurf des willkürlichen Verfahrens erhoben werden. Die Unterlassung von Belehrungen zieht sich als allgemeine Erscheinung durch die ganze sowjetische Kriegsgefangenschaft. Ein besonders überzeugendes Beispiel bieten die Vorschriften über Rechte und Pflichten der Kriegsgefangenen[14]. Sie sind dadurch allgemein bekannt geworden, daß die Sowjetunion sie dem Nürnberger Militärtribunal als Grundlage für die sowjetische Gefangenenhaltung vorgelegt hat. Die Vorschriften sind theoretisch völlig korrekt und wurden von den Richtern offenbar als in der Praxis angewandt geglaubt. In Wirklichkeit haben sie den Weg zu den Kriegsgefangenen nur in Ausnahmefällen gefunden, weil die meisten sowjetischen Lagerleitungen pflichtwidrig die Unterrichtung der Kriegsgefangenen unterließen.
Ein Gefangener, der seine Rechte nicht kennt, ist naturgemäß leichter zu führen als ein Wissender, der sicher ist, daß auch seinen Lagervorgesetzten Grenzen gesetzt sind[15]. Die unwissenden »Verhafteten« hatten infolge der unterlassenen Belehrungen immer stärker den Eindruck, hilf- und rechtlos grausamer Gewalt ausgeliefert zu sein. Sie konnten wohl vermuten, daß sie in ein Verfahren hineingeraten waren, das sich auf sowjetische Vorschriften stützte, sie wußten aber vom Inhalt etwa zugrunde liegender Gesetze nichts, Verteidigungsmöglichkeiten waren ihnen unbekannt.
Die Zeit zwischen »Verhaftung« und Hauptverhandlung wird von vielen Betroffenen als besonders nervenaufreibend geschildert eben wegen der eigenen Unwissenheit und wegen der Ungewißheit, was die Zukunft bringen würde[16]. Besonders schwer war die Lage von einzeln eingesperrten Kriegsgefangenen, während die in Gefängnissen und anderen Gebäuden in Massen Zusammengepferchten trotz der unvorstellbaren Überbelegung noch den Trost der Ablenkung und gegenseitigen Stützung durch Kameraden hatten.

Die Hauptverhandlung und die Verurteilung

Inzwischen hatten die MWD-Offiziere anhand der Vernehmungsprotokolle ihre Anklageschriften erstellt und sie zur Bestätigung dem zuständigen MWD-Staatsanwalt eingereicht. Dieser hatte sie an das MWD-Mili-

tärgericht weitergeleitet. Damit war der Beschuldigte der Spruchinstanz überstellt. Die Ungewißheit, in der die Gefangenen lebten, lichtete sich ein wenig: Im Gefängnis wurden in vielen Fällen den Angeklagten durch die Fenster der Zellentüren Auszüge aus den Anklageschriften durchgereicht. Auf diese Weise erfuhren wohl die meisten Kriegsgefangenen zum ersten Mal, was ihnen als strafbares Verbrechen vorgeworfen wurde.
Es ist auch vorgekommen, daß die Anklageschrift erst nach der Verurteilung dem Gefangenen in die Hand gedrückt wurde. Nach unterschiedlichen Wartezeiten folgte schließlich das eigentliche Verfahren vor dem Prozeßgericht. Hauptverhandlung und Verurteilung sind wohl von allen Kriegsverurteilten als der Wendepunkt ihrer Gefangenschaft empfunden worden. Sie gehörten zu den Ereignissen, die so einmalig sind, daß der Betroffene sich zeit seines Lebens genau an den Ablauf des Geschehens erinnern und noch nach vielen Jahren den Vorgang mit Einzelheiten schildern kann. Gewiß verstand es der eine oder andere Gefangene, sich gleichmütig zu geben; sie alle haben aber, von wenigen Ausnahmen abgesehen, die sich mit Überstrapazierung der Nerven und geschwächtem Gesundheitszustand erklären lassen, ihre Hauptverhandlung in einem Zustand höchster innerer Spannung verfolgt. Sie hofften wohl alle, daß die lange Zeit der Ungewißheit mit der erzwungenen Untätigkeit, dem Grübeln, den unwürdigen äußeren Umständen und der Demütigung ihr Ende finden würde. Als Fernziel stand ihnen die Heimkehr vor Augen. Denn sie würden sich so verteidigen, daß dem Gericht ihre Nichtschuld offenbar werden würde. Sie waren Soldaten gewesen, die eine Pflicht erfüllt hatten, der sie nicht ausweichen konnten. Für den Krieg als solchen waren sie nicht verantwortlich. Ihre Kriegshandlungen, wenn etwa darin ein Verbrechen liegen sollte, waren ihnen befohlen worden. Was konnte man also von ihnen wollen?!
Je höher die Erwartung der Gefangenen war, um so tiefer war ihr Unverständnis, ihre Bestürzung, wenn sie als Verurteilte in die Zellen, natürlich andere Zellen, oder in ihre Zwischenunterkünfte zurückkehrten. Daher liegen gerade von diesem Ereignis der Kriegsgefangenschaft besonders zahlreiche und genaue Berichte vor.
Sie lassen den äußeren Ablauf der Hauptverhandlungen deutlich erkennen, dagegen bleibt das angewandte materielle Strafrecht im Halbdunkel. Wir können uns auf eine knappe Darstellung beschränken[17].
Die erkennenden Gerichte waren Militärtribunale der MWD-Truppen des jeweils zuständigen Bezirks, besetzt mit einem Richter (meist Justiz-

offizier) und zwei Beisitzern (meist Militärpersonen der unteren Ränge, gelegentlich auch Zivilpersonen); hinzu kamen ein Protokollführer und ein Dolmetscher. 66 % aller Hauptverhandlungen[18] fanden ohne Anklagevertreter statt. Verteidiger waren nur selten eingesetzt (14 %). Entsprechende Anträge der Angeklagten wurden abgewiesen, in Moskau z. B. mit der Begründung, die sowjetischen Anwälte hätten es abgelehnt, deutsche Kriegsverbrecher zu verteidigen. Die Verhandlungen waren nicht öffentlich[19]. Sie dauerten im allgemeinen nur wenige Minuten. Der Vorsitzende beschränkte sich meist auf die Feststellung der Person des Angeklagten, auf die Frage, ob sich der Angeklagte als schuldig i. S. der Anklage bekenne, und auf die Verkündung des Urteilsspruches mit Benennung der angewandten Gesetzesbestimmungen, aber ohne Bekanntgabe der Urteilsgründe. Versuche der Angeklagten, sich selbst zu verteidigen, scheiterten bis auf vereinzelte Ausnahmefälle. Beweisanträge wurden abgelehnt, nur in 2,27 % wurde ihnen entsprochen. Begannen die Angeklagten, zu ihrer Verteidigung zu sprechen, wurden sie meist rigoros unterbrochen, vielfach, indem der Vorsitzende sie auf das spätere Recht der Kassationsbeschwerde hinwies. Allgemein standen die Hauptverhandlungen unter starkem Zeitdruck, da jedes Gericht täglich Dutzende von Kriegsverbrecherprozessen abzuwickeln hatte. Der mit dem Schlaf kämpfende rechtsunkundige Beisitzer war eine häufige Erscheinung in den Prozessen. Die sogenannte Beratung des Gerichts war offensichtlich eine Farce, um der Prozeßordnung zu genügen. 85 % der Urteile waren bereits vor oder während der Verhandlung fertig, insgesamt wichen nur 17,71 % von der Anklage ab. 85,57 % der Hauptverhandlungen endeten mit einem Urteil auf 25 Jahre Arbeits- und Besserungslager, 11,5 % auf weniger und 2,72 % auf mehr als 25 Jahre. Freisprüche gab es überhaupt nicht.

Interessant sind erste Reaktionen der Verurteilten. Nachdem eine gemeinsam verurteilte Dreiergruppe – so wird berichtet – ihre Sprachlosigkeit und Empörung über die »Verhandlung« und das »Urteil« überwunden hatte, brach sie in bitteres und höhnisches Gelächter aus! Sie mußten sich offenbar zunächst einmal Luft machen, das Ganze war doch wie im Theater! Sie fühlten sich schuldlos und waren hier sozusagen zum Spielball sowjetischer Justizwillkür gemacht worden. Nie konnten die 25 Jahre ernst gemeint sein! So weit konnte die Gewalt der Sowjetunion nun doch nicht gehen!

Erst später, nach Abflauen der Erregung, kam man zu kühlerem Abwägen der Lage. Ein uns typisch erscheinender Bericht sei wiedergegeben. Der

Heimkehrer[20] hat über die Situation der Gefangenen nach ihrer Verurteilung geschrieben:

»Bei uns zunächst Verbleib im Gefängnis, ohne Mischung mit Sowjetbürgern. Zustand schwankte zwischen ruhiger Erwartung der weiteren Entwicklung und großer Sorge. Viele begriffen nicht, was vorgegangen war, weil sie nicht im entferntesten an irgendeine eigene Schuld glaubten und das Ganze als eine Art Schikane betrachteten, die die eigene Lage nicht grundsätzlich verändern konnte. Bei anderen Verurteilten stellten sich Niedergeschlagenheit und Verzweiflung ein. Dies aber durfte den Kameraden nicht gezeigt werden, wollte man das eigene Gesicht nicht vor ihnen verlieren.

Erörtert wurde natürlich, wie es weitergehen würde. Dabei war die Furcht verbreitet, man könnte die deutschen Verurteilten auseinanderreißen und einzeln in sowjetische Straflager stecken. Diese Vorstellung war sehr drückend. Denn von diesen Lagern hatte man wüste Schilderungen gehört. Nicht wenige deutsche Gefangene hatten einige Zeit in solchen Lagern arbeiten müssen und darüber berichtet: Unerhört strenges Regime, schwerste Arbeit, und das Schlimmste: Terrorherrschaft von Gruppen echter Schwerverbrecher, die Abgaben von den Mitgefangenen erpreßten, sich ihre Arbeit von ihnen machen ließen, Bedienung und Pflege erzwangen und sich bei Widerstand grausam rächten. Morde an Mitgefangenen wurden mehrfach berichtet. Ja, die Bosse der Gruppen und ihre Kumpane oder auch ihre ›Bediensteten‹ spielten um alles, was irgendeinen Wert hatte, sogar, wenn das eigene Hemd verspielt war, um den Kopf von mißliebigen Mitgefangenen. Gräßlich die Schilderung, wie ein junger Kerl, der eine solche Wette oder ein solches Spiel verloren hatte, am nächsten Morgen beim Ausmarsch neben dem Opfer in die Fünferreihe eintrat und den Unglücklichen plötzlich mit einem verborgenen Messer erstach. So entschlossen und blitzschnell, daß niemand eingreifen konnte. Daß diese Schilderungen keine Märchen waren, glaubten alle, hatten doch unsere eigenen Kameraden beim Bau des Wolga-Don-Kanals einen Einblick in die Zustände innerhalb der eigentlichen Straflager bekommen. Bei den dortigen Riesenbaustellen waren die scharfen Trennungen zwischen deutschen Kriegsgefangenen und sowjetischen Gefangenen zum Teil so aufgelockert gewesen, daß nahezu eine Vermischung der verschiedenen Gruppen eingetreten war.

Vorherrschend war nach der Verurteilung bei den meisten Kameraden wohl das Gefühl, selbst Opfer einer undurchschaubaren, menschenver-

achtenden Gewaltherrschaft zu sein, aber auch die Überzeugung, daß vorerst nicht die Vernichtung der Verurteilten geplant war, sondern daß man von ihnen noch Vorteile ziehen wollte.
Tiefes Mißtrauen gegenüber allem, was von sowjetischen Stellen gesagt wurde, der Wille, auch mit künftigen Belastungen fertig zu werden, und die Hoffnung, daß mit Hilfe der Heimat sich schließlich alles doch noch zu einem guten Ende wenden würde, das waren wohl die allgemein unter den Verurteilten herrschenden Vorstellungen nach den Verurteilungen.«

Zur Zahl der Verurteilten

Nach dem Ende der Verurteilungsflut hatte es, wie schon erwähnt, eine Überraschung gegeben. Völlig unerwartet wurde ein Teil der soeben Verurteilten im Frühjahr 1950, noch ehe das Hauptkontingent an die neuen Arbeitsplätze abtransportiert war, in die Heimat entlassen. Der Grund für diese Maßnahme ist unbekannt geblieben, auch waren Auswahlgrundsätze nicht zu erkennen, befanden sich doch unter den Repatriierten sogenannte schwere Fälle, z. B. Kriegsgefangene mit mehrfacher Todesstrafe. Ob Stalin durch diese Aktion das Wissen von seiner drakonischen Strenge und Unbeugsamkeit verbreiten, die Furcht im deutschen Volk wachhalten und gleichzeitig seinen »Großmut« demonstrieren wollte, bleibt unklar. Die Gesamtzahl der in der Sowjetunion Verurteilten ist nie genannt worden. Sicher ist, daß die von der sowjetischen Regierung durch die TASS-Verlautbarung vom 05. 05. 1950 verbreiteten Zahlen unvollständig waren. Die amtlichen bundesdeutschen Mindestzahlen lagen bereits 1954 höher. Wir müssen uns daher auf unsere deutschen Zahlen und auf Schätzungen stützen. Dabei können wir der Wirklichkeit nahekommen, aber ähnlich wie bei der Gesamtzahl der Kriegsgefangenen wird auch hier eine »Lücke der Ungewißheit« offenbleiben[21]. Die derzeit letzten Berechnungen sind bei W. Ratza zu finden[22], der in Band IV der Dokumentation die Arbeitsleistung der Kriegsgefangenen ermittelt hat und dazu die Zahl der jeweils lebenden Kriegsgefangenen feststellen mußte.
Er nennt auf der Grundlage von Statistiken des Bundesvertriebenenministeriums, in denen die Nichtkombattanten ausgeklammert sein sollen, für Ende des II. Quartals 1950 als in der SU verblieben 30 581 Kriegsgefangene. Sie alle müssen Verurteilte bzw. OSSO-Bestrafte gewesen sein, denn nach der TASS-Meldung befand sich zu dieser Zeit nur noch diese Kategorie in der Sowjetunion. Die Zahl muß noch um die überraschend nach der

Verurteilung Repatriierten erhöht werden, wenn wir die Gesamtzahl der Verurteilungen ermitteln wollen. Ihre genaue Zahl ist unbekannt; Ratza spricht von einem »erheblichen Teil«[23] der 33617 Kriegsgefangenen, die im ersten Halbjahr 1950 repatriiert worden sind. Wir schätzen diesen »erheblichen Teil« auf 7000 Kriegsgefangene. Die Gesamtzahl der Verurteilten und Bestraften muß demnach etwa betragen haben 37581 Kriegsgefangene. Von dieser Zahl sind die Frühverurteilten abzusetzen, das sind 28,6 %[24] von 37581 Kriegsgefangenen = 10748. Unser Ergebnis lautet: In der Stalinschen Großaktion 1949/50 sind verurteilt worden 26833 Kriegsgefangene.

Wir sind uns im klaren, daß diese Zahl an zwei Unsicherheiten krankt, einmal an der Schätzung von 7000 überraschend Repatriierten, zum anderen an dem Ansatz von 28,6 % für Frühverurteilte. Wir halten aber eher eine über 26800 liegende Gesamtzahl für realistisch als eine darunter liegende[25]. Bei einem Ansatz von 31 % für Mitteldeutschland[26] müßten etwa 18500 Verurteilte auf die Bundesrepublik Deutschland und etwa 8300 auf die Deutsche Demokratische Republik entfallen sein.

Zur Auswahl der Verurteilten

Wer waren nun diese Verurteilten, die von den drei Millionen Kriegsgefangenen des Jahres 1945 und den zwei Millionen Repatriierten übrig geblieben waren und schließlich als letzte »über die Klinge springen« mußten? Waren sie wirklich allein wegen ihrer angeblichen Untaten während des Krieges herausgesucht worden? Unsere bisherige Untersuchung läßt beträchtliche Zweifel aufkommen.

Sehr aufschlußreich ist ein Blick in die von Johann Anton erstellten Grafiken, die dem Band VII der Dokumentation beigefügt sind[27]. Sie basieren vorwiegend auf der staatlichen Registrierung deutscher Kriegsgefangener von 1950 und ihrer Fortschreibung bis 1954. Sie machen überzeugend deutlich, daß drei Gruppen weit überproportional in die Verurteilungen einbezogen worden sind.

1. Die Waffen-SS. Ihr Anteil an der deutschen Wehrmacht betrug Ende 1944 nur 5 %. Mitte 1954 stellte sie aber 36 % der verurteilten Kriegsgefangenen[28].
2. Das Offizierskorps. Im Jahre 1947 betrug der Anteil der Offiziere an allen Kriegsgefangenen 7 %, im Jahre 1954 belief sich ihr Anteil an verurteilten Kriegsgefangenen auf etwa 36 %[29].

3. Die Berufsgruppe Verwaltungs- und Rechtswesen. Auf sie entfielen 1947 nur etwa 6% der Kriegsgefangenen, 1954 stellte die Gruppe dagegen 21% der verurteilten Kriegsgefangenen. Die entsprechenden Zahlen für die Gruppe Geistes- und Kulturleben sind etwa 2% (1947) und etwa 4% (1954)[30].

Die genannten Prozentzahlen sind auf alle Verurteilungen einschließlich der Früh- und Individualprozesse bezogen. Sie beweisen, daß die späteren Verurteilten nach politischen, nach Führungs- und nach Intelligenzgesichtspunkten ausgewählt worden sind. Kein objektiver Beobachter wird akzeptieren können, daß diesen Wehrmachtsangehörigen allein wegen ihrer angeblichen Beteiligung an Greueltaten und Verbrechen der Prozeß gemacht worden ist[31].

Angesichts dieser Erkenntnisse kommt der sogenannten Liste der gesperrten Einheiten – wenn es sie gegeben hat –[32] eine wesentlich geringere Bedeutung zu, als bisher angenommen wurde. Vielleicht spielte die Wehrmachtseinheit bei den summarischen Verfahren für die erste vorläufige Auswahl eine Rolle. Bei der endgültigen Auswahl der Kriegsverbrecher wurden dann aber mit Sicherheit, wie das Ergebnis zeigt, die Angehörigen der beschriebenen Sondergruppen an erster Stelle herausgeholt. Besondere Bedenken waren im übrigen nicht am Platze, da nach der sowjetischen Auffassung der Stalinzeit alle deutschen Soldaten Kriegsverbrecher waren[33].

Ein instruktives Beispiel bietet die Liste der im Lager 7270/3 (Borowitschi) verurteilten Stabsoffiziere[34]. Sie umfaßt 294 Namen und wurde im April 1950 von dem Arbeitskreis der Borowitschi-Heimkehrer der deutschen Bundesregierung vorgelegt[35].

Die dort genannten Offiziere hatten der Heeresgruppe Kurland angehört, die aufgrund der Kapitulation Deutschlands ungeschlagen in völlig intakten Verbänden mit 350000 Mann am 8./9.05.1945 in Gefangenschaft gehen mußte. Ein Teil der Kurlandkämpfer war in den Raum von Borowitschi (etwa 150 km ostwärts des Ilmensees) verbracht worden. Hier erlebten die in der Liste aufgeführten Stabsoffiziere ihre Verurteilungen. Ihre Personaldaten, Anklagepunkte und Urteile sind aufgrund von Zeugenaussagen und Heimkehrerberichten zusammengestellt. An der Verläßlichkeit der Angaben ist nicht zu zweifeln. Die Durchsicht der Liste läßt die Auswahlgrundsätze und die Anklagepraxis der MWD-Verfolgungsorgane erkennen. Man wußte dort, welche Aufgaben die einzelnen militärischen Führungskräfte zu bearbeiten hatten. Entsprechend der Natur des

Krieges mußten in Erfüllung dieser Aufgaben nach Überlegungen der MWD-Offiziere über die bekannten Fälle hinaus vielfach Eingriffe in das normale Leben erfolgt sein, darunter Maßnahmen gegen die Zivilbevölkerung (z. B. Evakuierungen, Arbeitseinsatz) und gegen Sachen (Zerstörung von Brücken, Häusern und dergl.).
Die Verfolgungsorgane haben nun derartige Vorgänge, ohne Rücksicht darauf, ob sie zur normalen Kriegsführung gehörten und damit vom Völkerrecht gedeckt sein konnten, grundsätzlich zu Greueltaten erklärt und einfach unterstellt, daß jeder für solche Kriegsmaßnahmen theoretisch zuständige Offizier sie auch tatsächlich befohlen, von ihnen gewußt oder sie gebilligt hatte. Die Beweise für die Verbrechen selbst und die Teilnahme an ihnen sind die Ankläger schuldig geblieben.
Nach den Anklagen hatten z. B. alle Richter durch ihre Tätigkeit ein sowjetfeindliches System unterstützt und damit gegen Art. 58/4 StGB/RSFSR verstoßen, alle Generalstäbler höheren Ranges und alle Kommandeure hatten Greueltaten begangen bzw. von ihnen gewußt (Ukas 1943), alle Angehörigen höherer Stäbe waren verantwortlich für angebliche Verbrechen in ihren Räumen (Ukas 1943) usw.[36].
In Borowitschi sind mit geringen Ausnahmen alle greifbaren Stabsoffiziere, Angehörige einer ungeschlagenen Heeresgruppe, Opfer der Stalinschen Großaktion geworden. Ihre Liste hat eine bedeutende Aussagekraft. Sie läßt darauf schließen, daß Stalin mit der Verurteilungsaktion auch seiner Teheran-Erklärung gefolgt ist, das deutsche Offizierkorps müsse endgültig beseitigt werden, um den deutschen Militarismus auszulöschen[37]. Alle aufgeführten Offiziere gehörten zu den Führungskräften, denen die deutschen Heere zu einem wesentlichen Teil ihre von Stalin gefürchtete Schlagkraft und Gefährlichkeit verdankten.

---

1 Maurach a.a.O. S. 78
2 Beispiel in Bd. V,1 S. 571
3 Vgl. hierzu den Bericht an die deutsche Bundesregierung in Borowitschi S. 60 ff und die eingehende Darstellung in der Schrift »Deutsche Kriegsgefangene in der SU rufen nach Recht« in Borowitschi S. 209 ff.
4 Vgl. Maurach S. 80
5 Vgl. Borowitschi S. 213
6 Eine zentrale Karteistelle für Kriegsgefangene befand sich in Krasnogorsk bei Moskau.
7 Solschenizyn a.a.O. S. 108–120
8 a.a.O. S. 104
9 Maurach a.a.O. S. 80
10 Nach Unterlagen des DRK

[11] Eine andere Untersuchung ergibt 49,5 % nicht einwandfreier Vernehmungen. Vgl. Bd. V,1 (Bährens) S. 93

[12] Maurach a.a.O. S. 82

[13] Vgl. Borowitschi S. 61 ff., S. 81 ff.

[14] Abgedruckt in »Verbrechen der Sieger«, Leonie 1976, S. 171–175, und in Bd. IV (Ratza) S. 277 ff.

[15] Dort, wo die Vorschriften bekannt waren, konnten die Kriegsgefangenen in Verhandlungen gewisse Verbesserungen erreichen. Als Beispiel sei das Lager 58,V in Mordwinien genannt.

[16] Vgl. Borowitschi S. 82

[17] Einzelheiten u. a. in Borowitschi S. 214 f., Bd. V,1 (Bährens) S. 170 f.

[18] Die hier mitgeteilten Prozentzahlen entstammen den Heimkehrerbefragungen von 1954. Sie umfassen nicht nur die Massenverfahren, sondern zu 19,49 % auch die Einzelprozesse vor 1949.

[19] 3,72 % werden in der vorgenannten Statistik als öffentlich bezeichnet, sie fallen wohl alle in die Zeit vor 1949.

[20] Stalingrad Nr. 40

[21] Vgl. Böhme a.a.O. S. 150

[22] W. Ratza, Bd. IV, Der Faktor Arbeit, S. 219 u. 226

[23] Ratza a.a.O. S. 218 Anm. 25

[24] errechnet aus Bährens Bd. V,1 S. 39 Tafel 13 Spalte 3–7 = 28,6 %

[25] Ratza gibt als Gesamtzahl der festgehaltenen Kriegsgefangenen nach Abschluß der Rückführungen des Jahres 1950 die Zahl von 28711 an. Die Annahme von Böhme (Bd. XV S. 426), die SU habe 1949/50 etwa 50000 bis 60000 Kriegsgefangene verurteilt, ist nicht haltbar. Auch Bischof Heckel nennt die Zahl 28055 als Neuzugänge in seiner Kartei (Anl. 4).

[26] Vgl. Ratza a.a.O. S. 225

[27] Beiheft zu Bd. VII, Karten und Grafiken von Johann Anton, München 1967, Grafische Darstellungen.

[28] a.a.O. Grafik 8.

[29] a.a.O. Grafik 9, vgl. auch den Mikrozensus Bd. V, 1 S. 42.

[30] a.a.O. Grafik 7.

[31] Vergl. den vorsichtigen Auswahlhinweis bei Böhme Bd. VII S. 319 und unsere Ausführungen zu Stalins Beweggründen für die Großaktion S. 14 ff.

[32] Vgl. Böhme Bd. VII S. 319 ff. Dort werden aufgrund von Heimkehrer-Vermutungen u. a. 93 Heeres-Divisionen und 27 SS-Divisionen als »für die Repatriierung gesperrt« genannt, weil in ihrem Einsatzbereich angeblich Greueltaten begangen worden waren. Die Verbände und Einheiten sollen in einer besonderen Liste aufgeführt worden sein, die als Grundlage für Rückstellungen von der Repatriierung und spätere Verurteilungen diente.

[33] Vgl. Maurach a.a.O. S. 48 mit Tainin-Zitat.

[34] Borowitschi S. 24–59.

[35] Borowitschi S. 11.

[36] Vgl. Anhang Nr. 2. Dort ist die Liste im Auszug abgedruckt.

[37] Vgl. S. 25

Die Urteilswirkungen auf die Heimat

Die Wirkung der Verurteilungsaktion auf die deutsche Bevölkerung war unbeschreiblich. Sie trat nicht plötzlich ein, da die Nachrichten über die Vorgänge zunächst nur spärlich in die Heimat drangen. Erst mit der wachsenden Zahl der Heimkehrer, die nach der Verurteilung entlassen wurden, verdichteten sie sich; schließlich enthüllte die berüchtigte TASS-Meldung vom 05.05.1950 den Umfang der Kriegsverbrecher-Verfahren. Sie lautete:

»Von den deutschen Kriegsgefangenen, die sich auf dem Gebiet der Sowjetunion befanden, verbleiben dort 9717 Mann, die wegen begangener schwerer Kriegsverbrechen verurteilt sind, und 3815 Mann, deren Kriegsverbrechen z. Z. noch untersucht werden. 14 Mann werden zeitweilig wegen Krankheit zurückgehalten. Sie werden zurückgeführt, sobald ihre Behandlung abgeschlossen ist.«[1]

Die Meldung löste »allgemeines Entsetzen« aus, wie Bundeskanzler Adenauer am nächsten Tag vor dem Bundestag sagte. Die deutsche Öffentlichkeit reagierte mit heftiger Erregung und Empörung. Die jahrelangen gewaltigen Anstrengungen der Parteien, der öffentlichen Medien, der Verbände, der Gewerkschaften, ganzer Gruppen der Bevölkerung und zahlloser Einzelpersonen, die mit immer stärkerem Druck die Forderung erhoben hatten, der Kriegsgefangenschaft der Deutschen müsse ein Ende gesetzt werden – das alles sollte mit dieser unfaßbaren Enttäuschung für Zehntausende von Müttern, Frauen und Kindern enden?! Unsere Männer, unsere Söhne, unsere Väter sollten Verbrecher sein?! Bis auf verschwindend kleine Gruppen war sich die deutsche Öffentlichkeit einig, daß alles getan werden mußte, um die unglücklichen Opfer, an deren Schuld kaum jemand glaubte, in die Heimat zurückzuholen.

Als erste Helferin war das Deutsche Rote Kreuz auf dem Plan, das schon seit Jahren in beispielhafter Betreuungs- und Aufklärungsarbeit für

Kriegshinterbliebene, Gefangene und Vertriebene tätig gewesen war. Zunächst hatte eine sachliche Bestandsaufnahme, danach eine rechtliche Würdigung der Vorgänge zu erfolgen. Es mußte eine verläßliche Plattform gefunden werden, von der aus Rettungsversuche für die Verurteilten unternommen werden konnten. Die politische Ausgangsposition für ein solches Unternehmen war alles andere als erfolgversprechend. Nach dem Zerbrechen der Allianz der Siegermächte im März 1948 und dem kalten Krieg mit der zehnmonatigen Blockade Westberlins durch die Sowjetunion hatten sich die Großmächte in der Pariser Außenministerkonferenz vom Mai/Juni 1949 nicht zusammenfinden können. So war die Teilung Deutschlands Wirklichkeit geworden, ein Teil war im westlichen, der andere im östlichen Lager gebunden, in beiden Teilen standen noch Truppen der Siegermächte. Die soeben aus der Taufe gehobene Bundesrepublik Deutschland war international noch ein Nichts!

Um so höher ist der Einsatz all derer einzuschätzen, die sich an dem Befreiungskampf, der noch viele Mühe und Arbeit erwarten ließ, beteiligten. Aus der großen Zahl der Mitarbeiter ragt ein Mann besonders hervor: der im Jahre 1976 verstorbene Prof. Dr. Reinhart Maurach, s. Z. Ordinarius für Strafrecht und osteuropäisches Recht an der Universität München[2]. Zwischen ihm und der Rotkreuz-Rechtschutzstelle für Kriegsgefangene im Ausland kam ein Übereinkommen zustande. Er übernahm es, über die Vorgänge zu berichten und die Möglichkeiten von Interventionen zu klären. Er war wie kaum ein anderer für diese Aufgabe geeignet. Auf der Krim geboren, der russischen Sprache mächtig, Autor von zahlreichen, in langen Jahren erarbeiteten Veröffentlichungen über sowjetisches öffentliches Recht und sowjetisches Strafrecht galt er als Autorität ersten Ranges für die anstehenden Fragen. Er machte sich in der Überzeugung an seine Aufgabe, daß es Mittel und Wege gebe, dem Ziel »Gerechtigkeit für unsere Gefangenen« näher zu kommen, ohne dabei »die deutsche Schuld bei Kriegsbeginn und in weiten Teilen auch bei der Kriegsführung selbst zu verkleinern«[3]. Auf der Grundlage von zahllosen Heimkehreraussagen und anderen Unterlagen wurde er zum Gutachter in dieser überaus schwer zu durchschauenden, weite Bereiche von Politik, Kriegsführung, Kriegsfolgen und Kriegsrecht berührenden menschlichen Tragödie. Seine Darstellung ist zum Hauptwerk über sowjetische Kriegsverbrecherprozesse geworden. Dabei ist seine kluge Zurückhaltung in der Stellungnahme zu den politischen Hintergründen des Geschehens bemerkenswert. Sie hat sein Werk über die Tagespolitik hinausgehoben. Auch in unserer Darstellung spielt es eine wichtige Rolle. Seine Erkenntnisse, die auf weit weniger Material beruhen, als uns heute zur Verfügung steht, sind im grundsätzlichen bestehengeblieben. Wir werden auf sie im Verlauf unserer Untersuchung noch mehrfach zurückkommen.

---

1 Zitiert nach Böhme, Bd. VII S. 133

2 Eine Würdigung Maurachs als Strafrechtswissenschaftler findet sich in NJW 1976 S. 1732. Als das Grundanliegen seines Wirkens wird die rechtsstaatliche Absicherung des Strafrechts und des Strafprozeßrechts herausgestellt.

3 Maurach, Die Kriegsverbrecherprozesse gegen deutsche Kriegsgefangene in der Sowjetunion, Hamburg 1950, S. 23.

Rechtliche Würdigung der Urteile von 1949/1950

Völkerrechtliche Vorfragen

Die von uns zu behandelnden sowjetischen Spätprozesse gehören in das weite Gebiet der Kriegsverbrecherprozesse nach dem Zweiten Weltkrieg. Über sie liegt ein kaum übersehbares Schrifttum vor, das sich vorwiegend mit den Nürnberger Prozessen, in geringerem Umfang mit den übrigen Kriegsverbrecherprozessen der Westalliierten befaßt. Arbeiten über die Sowjetprozesse sind dagegen bisher recht selten[1]. Das hat berechtigte Gründe, u. a. liegen sie in der geringen Kenntnis der russischen Sprache, wohl auch in der Fremdheit des sowjetischen Rechts, Hauptursache dürfte die mangelhafte und späte Unterrichtung der westlichen Öffentlichkeit über die Vorgänge in der Sowjetunion sein. Fiel doch die erste öffentliche Sitzung der sogenannten ad-hoc-Kommission der Vereinten Nationen, die sich mit dem Problem der zurückgehaltenen und der verurteilten deutschen Kriegsgefangenen beschäftigte, in die zweite Hälfte des Jahres 1952[2], also in eine Zeit, als die Nürnberger Prozesse bereits Geschichte waren und auch die sowjetischen Prozesse bereits Jahre zurücklagen. Gleichwohl kann uns die Literatur über die westlichen Prozesse hilfreich sein, denn nicht wenige Grundfragen stellen sich für alle Kriegsverbrecherprozesse in gleicher Weise, mögen sie im Westen oder im Osten geführt worden sein.

Für die Beurteilung der Kriegsverbrecherprozesse ist nach dem derzeitigen Stand der völkerrechtlichen Erkenntnisse ihre Übereinstimmung mit dem Völkerrecht grundlegend und entscheidend. An dem grundsätzlichen Recht der Sowjetunion, die in ihre Gewalt geratenen Kriegsgefangenen wegen der von ihnen begangenen Kriegsverbrechen zu verfolgen, besteht heute kein Zweifel mehr. Dieses Recht fließt aus der staatlichen Souveränität und wird als völkerrechtliches Gewohnheitsrecht für alle Staaten allgemein anerkannt[3]. Auch z. Z. der sowjetischen Spätprozesse war dieser Stand der Rechtsanschauung schon erreicht. Inhaltlich bedeutet das Recht zur Verfolgung keine schrankenlose Auslieferung des Kriegsgefangenen an die Justiz oder andere Institutionen der Gewahrsamsmacht wie etwa im Altertum, als Kriegsgefangenschaft den totalen Verlust der Freiheit brachte und der Gefangene seine Rechtspersönlichkeit verlor, zur Sache wurde, die verkauft und verschenkt werden konnte. In der Neuzeit – und hierher gehören auch die Gefangenen des Zweiten Weltkrieges – bleiben die Gefangenen Angehörige ihrer Heimatländer und behalten ihre Rechtspersönlichkeit, wenn sie auch vorübergehend der Gewalt des Feindes unterworfen werden. Sie genießen einen völkerrechtlichen Status[4]. Ihnen gegenüber müssen das Völkerrecht und die landeseigenen Gesetze der Gewahrsamsmacht in vollem Umfange, auch in den für die Gefangenen günstigen Teilen, beachtet werden. Nur Prozesse, die in Verfahren und angewandtem materiellem Strafrecht den Regeln des allgemeinen Völkerrechts entsprechen[5], können als Rechtsverfahren und ihre Urteile als zu Recht ergangen anerkannt werden. Andernfalls sind sie, wenn die Verstöße gegen das Völkerrecht grundsätzlicher Art sind, als Willkürakte zu verwerfen. Dabei ist zu beachten, daß als Völkerrechtsquellen neben Vertrags- und Gewohnheitsrecht auch allgemeine Rechtsgrundsätze gelten[6].

Teilnahme am verbotenen Angriffskrieg ein Verbrechen des einzelnen Soldaten?

An erster Stelle soll die Haltung der Stalin-Regierung zur Frage der persönlichen strafrechtlichen Verantwortlichkeit der deutschen Soldaten für ihre Teilnahme am verbotenen Angriffskrieg betrachtet werden. Stalins Meinung hat sich sehr schnell verschärft. Während der berüchtigte Ukas 1943 – Dekret über Kriegsverbrechen vom 19.04.1943[7] – noch voraussetzte, daß die Angehörigen der Feindtruppen ihrer Verbrechen (u.a. Mißhandlungen und Morde an sowjetischen Bürgern und kriegsgefangenen Rotarmisten) überführt sein mußten, weitete die Moskauer Erklärung über Grausamkeiten vom 01.11.1943[8] den Täterkreis auf Mitglieder der Nazipartei aus und erleichterte den Schuldnachweis entscheidend. Die Täter brauchten nicht mehr ihres Verbrechens überführt zu sein, es genügte, daß sie für die Geschehnisse »verantwortlich gewesen sind oder an ihnen zustimmend teilgenommen haben«. Mit dieser unscharfen und dehnbaren Neufassung, die die Gehorsamspflicht des Soldaten überdies einfach ignorierte, wurde der Schritt von der nachgewiesenen persönlichen Schuld als Urteilsgrundlage zur vermuteten Schuld getan. Denn nun reichte ein Vorgesetztenverhältnis, eine organisatorische Überordnung oder die bloße Anwesenheit bei angeblichen Kriegsverbrechen aus; die »Zustimmung« konnte immer angenommen werden, wenn der Angeklagte seinem Protest keinen nachweisbaren Ausdruck gegeben hatte. Und wie sollte er das als Soldat im Kriegseinsatz?! Mit der Moskauer Erklärung wurde ein bisher in der Welt allgemein geltender Rechtsgrundsatz für die Feinde der Sowjetunion aufgegeben, aus dem Schuldstrafrecht wurde ein Verdachtsstrafrecht. Die Rechtfertigung dieser Regelung dürfte vor allem in der sowjetischen Anschauung vom gerechten Krieg zu suchen sein, der Auffassung, daß jede Kriegshandlung auf der »gerechten«, d.h. sowjetischen Seite rechtens, jede Kriegshandlung auf der »ungerechten«, d.h. deutschen Seite verbrecherisch und damit die strafrechtliche Verfolgung aller deutschen Soldaten zulässig war. Das Problem des gerechten und des ungerechten Krieges ist keineswegs neu, es entspricht der uralten Frage nach der Legalität oder Illegalität von Kriegen und ihren Folgen. In der neuen Zeit haben zahlreiche Bemühungen zu einer Einengung des Rechts des freien Krieges geführt (Völkerbundssatzung, Kellog-Pakt, UN-Satzung). So weitgehende Folgerungen, wie sie die Sowjetseite für den Zweiten Weltkrieg vertritt, werden aber völkerrechtlich nicht gezogen. Wer einen illegalen Krieg geführt hat, haftet nach Völkerrecht für die Unrechtsfolgen seines Krieges – in praxi nur, wenn er nicht Sieger ist –[9]. Über die strafrechtliche Seite ist damit aber nichts ausgesagt. Der namhafte Völkerrechtler Prof. Berber vertritt sogar mit guter Begründung die Lehre, daß das Völkerrecht bisher kein strafbares Verbrechen des Angriffskrieges kennt, »das zur Strafverfolgung gegen die Mitglieder der schuldigen Regierung oder gar gegen alle Beteiligten, also vielleicht viele Millionen der gegnerischen Staatsangehörigen, führen könnte«[10]. Wir können die Richtigkeit dieser Lehre dahingestellt sein lassen, denn im Völkerrecht wird allgemein angenommen, daß während eines Krieges das Völkerkriegsrecht ohne Rücksicht auf Legalität oder Illegalität anwendbar bleibt[11]. Auch ein verbotener Angriffskrieg kann einwandfrei geführt werden, er muß sich in den Grenzen halten, die das Völkerrecht in seinem Kriegsrecht gezogen hat[12]. Kriegsgrund und Kriegshandlung sind begrifflich scharf zu trennen. Die Entfesselung des Krieges belastet nicht von vornherein den Kämpfer. »Soldatenschuld und Diplomatenschuld bestehen unabhängig voneinander und sind getrennt individuell zu ermitteln«[13]. Dieser Standpunkt hat sich seinerzeit in sämtlichen in Deutschland durchgeführten Kriegsverbrecher-Verfahren durchgesetzt und ist als allgemeine Rechtsanschauung anzusehen. Die Stalinsche Auffassung, daß der verbrecherische Charakter des Angriffskrieges auch jede einzelne Kriegshandlung des Angreifers zu einem Verbrechen macht, daß also jeder in der Sowjetunion eingesetzte deutsche Soldat ein Aggressor war und unmittelbar und persönlich wegen des Kollektivverbrechens des Krieges bestraft werden konnte, gleichgültig, was er getan hatte, ist völkerrechtlich unhaltbar. Offenbar ist sich die damalige Sowjetregierung ihrer Beurteilung nicht sicher gewesen. Trotz ihrer Grundauffassung hat sie es für angemessen, für opportun – oder wie ihre Beweggründe auch sonst gewesen sein mögen – gehalten, die zur Verurteilung vorgesehenen Kriegsgefangenen nicht einfach wegen des Kollektivverbrechens der Teilnahme am strafbaren Angriffskrieg verurteilen zu lassen[14]. Sie hat es vorgezogen, für jeden Angeklagten einen Straftatbestand zu finden, der nach ihrem eigenen Recht eine Bestrafung erlaubte. Dabei ging sie davon aus, daß das gesamte sowjetische Strafrecht auf die Kriegsgefangenen angewandt werden durfte. Diese Unterstellung wird uns später noch beschäftigen.

Bindung der SU an die Haager Landkriegsordnung?

Wir hatten schon erwähnt, daß die Moskauer Erklärung über Grausamkeiten weitgehend Stalins Initiative entsprungen ist. Offensichtlich hatte er dabei das Ziel, in Übereinstimmung mit den Alliierten die deutschen Aggressoren nach eigenen sowjetischen Vorstellungen bestrafen zu dürfen. Er wandte dabei die häufig beobachtete sowjetische Taktik an, den Anschein von Gemeinsamkeit, von Anerkennung allgemeiner Prinzipien zu erwecken, sich aber trotzdem den Rücken für den eigenen Weg freizuhalten. Die Taktik gelang, er erreichte die Zustimmung der Alliierten zur Anwendung sowjetischen Rechts gegen deutsche Soldaten.
Ein ähnliches Verhalten ist in der Frage der Bindung der Sowjetunion an die Haager Landkriegsordnung (LKO) zu beobachten. Die Konvention von 1907 hat in der LKO u. a. Grundregeln für geduldete und für verbotene Kriegshandlungen und für eine humanere Behandlung der Kriegsgefangenen aufgestellt. Sie sind später mehrfach ergänzt worden. In der Vorkriegszeit hatte die Sowjetregierung offensichtlich Bedenken gegen den Ausbau der humanitären Bestimmungen der LKO gehabt, denn sie war der Genfer Konvention von 1929, die u. a. eine Verbesserung des Ge-

fangenenschutzes vorsah, nicht beigetreten. Man kann verstehen, daß die völkerrechtliche Entwicklung auf diesem Gebiet einer Sowjetregierung unwillkommen sein mußte, die Millionen von Menschen, wenn auch eigene Landsleute, eingesperrt hielt. Auch während des Zweiten Weltkrieges war dann die sowjetische Haltung »von einer gewollt anmutenden Undurchsichtigkeit und Zwielichtigkeit« gegenüber der LKO gekennzeichnet[15].

Der Grund ist leicht zu begreifen. Erkannte die Sowjetunion ihre Bindung an, so traten nicht nur erwünschte, sondern auch negative Wirkungen ein. Positiv war die in Art. 8 Abs. 1 S. 1 festgelegte Berechtigung der Gewahrsamsmacht, gegen Kriegsgefangene das eigene Militärstrafrecht anzuwenden. Lästig und den eigenen Absichten widersprechend war die begriffliche Festlegung von Kriegsverbrechen. Wenn Kriegshandlungen durch militärische Notwendigkeiten geboten waren, schieden sie aus dem Kreis der Kriegsverbrechen aus, sie mußten hingenommen und konnten nicht verfolgt werden (Art. 23 u. 53 LKO).

Der Sowjetregierung würde damit das Recht genommen sein, selbst zu bestimmen, was Verbrechen war und was nicht. Was sollte sie tun? Rechtlich hatte sie den Rücken frei, mindestens war die Rechtslage undurchsichtig. Die Sowjetunion war Gesamtrechtsnachfolgerin des Zarenreiches. Sie hatte mit dem Hinweis auf die grundlegende Verschiedenheit der staatstragenden Anschauungen und der inneren Strukturen die allgemeine Übernahme aller früher geschlossenen Verträge abgelehnt und die Weitergeltung von eigenen Erklärungen abhängig gemacht. Bei der LKO war keine eindeutige Linie eingehalten worden. Einmal hatten sich die Sowjetregierungen verhalten, als gelte die LKO auch für sie, in anderen Fällen hatten sie die Bindung mit dem Hinweis auf die clausula rebus sic stantibus geleugnet[16]. Stalin blieb bei dieser Verschleierungstaktik, erst nach seinem Tode änderte sich die Situation. Die neue Sowjetregierung ratifizierte am 10.05.1954 das III. Genfer Abkommen vom 12.08.1949 über die Behandlung der Kriegsgefangenen, das u. a. Teilergänzungen zur alten LKO enthielt, die hier im einzelnen nicht interessieren. Mit dem Beitritt war die Bindung der Sowjetunion mindestens an diese Teile der LKO für die Zukunft klargestellt.[17]

Die Vergangenheit und damit die Gesamtbindung blieb unklar. Das Außenministerium der Niederlande fragte daher als Hinterlegungsstelle für die Ratifikationsurkunden der Haager Abkommen bei der Sowjetregierung an, ob sie sich noch an die von Rußland ratifizierten Haager Konven-

tionen von 1899 und 1907 für gebunden halte. Die Antwort der Sowjetregierung vom 07.03.1955 lautete:
»Die Regierung der UdSSR erkennt die von Rußland ratifizierten Haager Konventionen und Deklarationen von 1899 und 1907 an, selbstverständlich in dem Maße, wie diese Konventionen und Deklarationen der Satzung der Vereinten Nationen nicht widersprechen und soweit sie nicht durch spätere internationale Abkommen, an denen die UdSSR beteiligt ist, abgeändert oder ersetzt worden sind, wie das Genfer Protokoll von 1925 über Verbot der Anwendung von Erstickungs-, Gift- oder anderen Gasen und bakteriologischen Mitteln im Krieg und die Genfer Konventionen von 1949 über den Schutz der Kriegsopfer«[18].
Die Antwort scheint zunächst positiv zu sein. Bei näherer Betrachtung stellt sich jedoch heraus, daß die Sowjetregierung einer vollständigen Beantwortung der gestellten Frage ausgewichen ist. Diese lautete, ob sich die Sowjetunion noch für gebunden halte, heute wie in der zurückliegenden Zeit. Die Antwort sagt nicht, daß die SU die zaristische Ratifizierung als wirksam und verbindlich auch für sich selbst anerkenne, sondern sie erklärt unter Vermeidung des Wortes Bindung (das in die Vergangenheit weisen konnte) nur, die SU erkenne die Konventionen in der inzwischen abgeänderten Form an. Offensichtlich ist damit nur die Gegenwart und die Zukunft angesprochen. So muß hingenommen werden, daß auch die Nachfolge-Regierung nach Stalin der Frage nach der früheren Bindung ausgewichen ist. Die Vermutung liegt nahe, daß sie auf diese Weise u.a. dem Vorwurf vorbeugen wollte, die Stalin-Regierung habe in völkerrechtswidriger Weise die LKO mißachtet, als sie alle Kriegshandlungen der deutschen Wehrmacht im deutsch-sowjetischen Krieg unterschiedslos als Kriegsverbrechen behandelte.
Trotz Stalins Verschleierungstaktik und trotz der Rückendeckung durch die Nachfolgeregierung hat die Sowjetunion ihr Ziel – wenigstens auf dem wissenschaftlichen Felde – nicht erreicht. Die Wissenschaft hat sich offensichtlich weder durch den Hinweis auf die clausula sic stantibus noch durch den ideologischen Gegensatz verwirren lassen. Sie ist in ihrer Mehrheit der Auffassung, daß angesichts der Ratifizierung der Haager Landkriegsordnung von 1907 durch das zaristische Rußland und des wiederholten Verlangens der Sowjetregierung nach Einhaltung ihrer Regeln während des Krieges die ursprüngliche Bindung[19] als weiter bestehend gelten muß. Und ergänzend wird darauf hingewiesen, daß die in der LKO niedergelegten Regeln ohne Rücksicht auf vertragliche Abmachungen

Ausdruck bereits bestehenden Völkerrechts waren und geblieben sind[20]. Diesen Erkenntnissen schließen auch wir uns an und gehen im folgenden davon aus, daß die Sowjetunion der Haager Landkriegsordnung ebenso unterworfen war wie das Deutsche Reich. Die tatsächliche Entartung der Kriegsführung verändert diesen rechtlichen Ausgangspunkt nicht.

Durfte sowjetisches Strafrecht angewendet werden?

Gegen die Benutzung sowjetischen Strafrechts in den Kriegsverbrecherprozessen können keine durchgreifenden völkerrechtlichen Einwände erhoben werden. Allerdings darf die Moskauer Deklaration vom Oktober 1943 mit ihrer Abrede, daß die Verbrecher gemäß den Gesetzen der befreiten Länder abgeurteilt werden sollten, nicht als völkerrechtliche Grundlage genommen werden[21]. Denn die Deklaration stellt nur einen multilateralen Vertrag dar, Völkerrecht hat sie nicht geschaffen. Hingegen gestattete die Haager Landkriegsordnung ausdrücklich den ihr beigetretenen Staaten, ihr eigenes Recht gegenüber Kriegsgefangenen anzuwenden. Art. 8 Abs. 1 S. 1 bestimmt:
»Die Kriegsgefangenen unterstehen den Gesetzen, Vorschriften und Befehlen, die in dem Heere des Staates gelten, in dessen Gewalt sie sich befinden«[22]. Die Sowjetregierung handelte in dieser Situation geschickt. Obwohl sie die LKO nicht formell anerkannt hatte, verhielt sie sich bei den Verfahrensfragen so, als gelte die LKO auch für sie. Zur Zeit der Prozesse unterstanden die Angehörigen der Roten Armee bei militärischen Straftaten dem Reglement über die Militärverbrechen vom 27.07.1927, bei anderen vom Reglement nicht erfaßten Straftaten – das ist besonders wichtig – dem allgemeinen Strafrecht[23]. Es ist nicht zu leugnen, daß das Reglement einschließlich der Verweisung zu den in Art. 8 LKO genannten Vorschriften gehört. So war die Brücke zur Anwendung sowjetischen Strafrechts auf die deutschen Kriegsgefangenen geschlagen. Wir müssen feststellen, daß die von der sowjetischen Militärjustiz bei der Masse der Kriegsverbrecherprozesse geübte Rechtsanwendung formell im Rahmen der Haager Landkriegsordnung und damit des Völkerrechts lag.
Gleichzeitig führt das Reglement zur Rechtfertigung der Einbeziehung von sogenannten Vortaten in die Anklagen, das sind Kriegsverbrechen, die vor der Gefangennahme begangen worden sind. Bei den Angehörigen der Roten Armee setzte das Reglement nur voraus, daß der Delinquent zur Armee gehörte, eine Verfolgungsbeschränkung auf eigentliche Mili-

tärdelikte bestand nicht, auch Taten, die er vor seiner Armeezugehörigkeit ausgeführt hatte, konnten von den Militärgerichten abgeurteilt werden. Allerdings war zu jener Zeit nicht ganz sicher, ob die Ausdehnung auf Vortaten mit dem Völkerrecht übereinstimmte. Denn Art. 8 Abs. 1 S. 1 LKO war ursprünglich, wie die Fassung deutlich erkennen läßt, nur auf die Disziplinierung der Gefangenen während ihrer Kriegsgefangenschaft angelegt. Die Entwicklung des Völkerrechts ist der Sowjetunion zu Hilfe gekommen. Die Genfer Konvention von 1949 führte durch ihr III. Abkommen die Zulässigkeit der Bestrafung der sogenannten Vortaten endgültig ein[24]. Die GK 49 erlangte zwar erst Ende 1954 Rechtswirksamkeit für die Sowjetunion[25], sie war aber von ihr am 12.12.1949 unterzeichnet worden. Mindestens von diesem Zeitpunkt an durften die MWD-Gerichte als sicher annehmen, daß die neue Bestimmung demnächst rechtswirksam und der eingeschlagene Weg die gemeinsame Straße aller Nationen werden würde. Heute wird die Berechtigung der Gewahrsamsmacht zur Bestrafung ihrer Kriegsgefangenen einschließlich der Vortaten als praktisch allgemein anerkanntes völkerrechtliches Gewohnheitsrecht angesehen[26]. Die Gewahrsamsmacht muß dabei, wie ausgeführt, im Rahmen des Völkerrechts und der allgemeinen Rechtsanschauungen bleiben.

Grenzen des Bestrafungsrechts, Ausschluß von Vorkriegshandlungen

Die Sowjetunion war, wie dargelegt, zur Verfolgung von Kriegsverbrechen berechtigt. Der Begriff des Kriegsverbrechens ist in seiner zeitlichen Begrenzung im Schrifttum nicht umstritten. Unter Kriegsverbrechen werden Verletzungen des Kriegsrechts durch Kombattanten nach Beginn und vor Beendigung des Kriegszustandes verstanden[27]. Damit ist eine klare, allgemeingültige Eingrenzung getroffen. Handlungen vor Kriegsbeginn sind keine Kriegsverbrechen. Daran ändert auch nichts, daß eine kriegführende Macht gewisse Vorkriegshandlungen als feindlich und gegen sich gerichtet betrachtet. MWD-Urteile dieses Inhalts verstoßen gegen das Völkerrecht. Überdies fehlt es, soweit ersichtlich, an einer sowjetischen Rechtsgrundlage für die Bestrafung solcher Fälle. Ausländer waren nach § 4 StGB/RSFSR nur für Straftaten verantwortlich, die sie auf dem Gebiet der RSFSR begangen hatten. Für ihre im Ausland begangenen Handlungen hatte das damals geltende Strafrecht keine Vorschrift. Eine solche fand sich in den §§ 2 und 3 StGB nur für die Bürger der RSFSR.

Ohne auf den materiellen Inhalt einzugehen, lassen wir daher Urteile, die Vorkriegshandlungen betreffen, außerhalb unserer Erörterung. Auszunehmen wären Verbrechen gegen den Frieden, gegen die Menschlichkeit und wegen Zugehörigkeit zu verbrecherischen Organisationen nach Art. 6 des Londoner Statuts vom 08.08.1945[28], die auch vor Kriegsausbruch begangen sein könnten. Bei den Spätprozessen sind nur vereinzelt derartige Urteile bekannt geworden, sie werden später behandelt. Dagegen fallen unter den Ausschluß die zahlreichen, meist auf Art. 58,4 StGB-RSFSR gestützten Verurteilungen wegen Unterstützung des antikommunistischen nationalsozialistischen Regimes durch Zugehörigkeit des angeblichen Täters zur Justiz, zur Polizei, zur Wehrmacht. Als Zwischenergebnis dürfen wir schon hier festhalten:
Die MWD-Urteile wegen eigentlicher Kriegsverbrechen, die ausschließlich Vorkriegshandlungen zum Gegenstand haben, sind völkerrechtswidrig, auch sind sie vom sowjetischen Strafrecht nicht gedeckt. Bei Urteilen, die nur zum Teil Vorkriegstaten betreffen, gilt dasselbe für diesen Teil.

---

[1] Auch Berber sieht von einer Behandlung der Sowjetprozesse ab. Vgl. Kriegsrecht § 50, Die Strafverfahren gegen die Besiegten, S. 250ff.

[2] Vgl. Bulletin des Presse- und Informationsamts der Bundesregierung Nr. 126 v. 03.09.1952, S. 1177/78.

[3] Vgl. F. Berber, Lehrbuch des Völkerrechts, II. Bd., Kriegsrecht, 1962, S. 241.

[4] Berber, a.a.O., S. 151f.

[5] Berber, a.a.O., S. 256f.

[6] Berber, a.a.O., S. 73.

[7] Vgl. Bährens in Bd. V, 1, S. 155f.

[8] Text S. 24, Näheres bei Bährens, a.a.O., S. 158.

[9] Berber, a.a.O., S. 59.

[10] Berber, a.a.O., S. 257.

[11] Berber, a.a.O., S. 57.

[12] Vgl. Maurach, a.a.O., S. 24 und S. 49.

[13] Maurach, a.a.O., S. 24. Vgl. auch dort Anm. 16.

[14] Gleichwohl sind auch derartige Urteile ergangen.

[15] Maurach, a.a.O., S. 16.

[16] Maurach, a.a.O., S. 16. Vgl. dort die eindrucksvolle Darstellung des wechselvollen Verhaltens der Sowjetregierung im deutsch-sowjetischen Krieg.

[17] Vgl. Art. 135 d. Abk. Nachzulesen bei Hinz, Kriegsvölkerrecht Bln 1957, Nr. 1550, S. 60.

[18] Bd. V, 1 (Bährens), S. 3f.

[19] Bei Durchsicht des Militärstrafrechts finden sich in Art. 193 ff. StGB/RSFSR wichtige Grundregeln der LKO wieder. Es entsteht der Eindruck, daß insoweit eine Transformation des Völkerrechts in innerstaatliches Recht stattgefunden hat und bestehen geblieben ist. Genannt seien das Verbot der Plünderung in Art. 193/28, das Art. 28 und 48 sowie 23 g LKO entspricht, das Verbot der Gefangenen- und Verwundeten-Mißhandlung in 193/28 entspr. dem Art. 4 LKO und das Verbot des Mißbrauchs des Roten Kreuzes in 193/30 und 31 entspr. dem Art. 23 f LKO.

[20] Vgl. Fritz Münch, Zum Recht der Kriegsgefangenschaft in »Verbrechen der Sieger«, 1976, S. 17; Maurach, a.a.O., S. 16 ff. Vgl. auch Urteil des Nürnberger Militärgerichtshofs v. 01. 10. 1946. Nach ihm sind die in der LKO niedergelegten Regeln ohne Rücksicht auf ihre vertragliche Geltung als Völkergewohnheitsrecht wirksam. Berber, a.a.O., S. 73.

[21] Vorn S. 24.

[22] R. Laun, Die Haager Landkriegsordnung, 1950, S. 141 ff.

[23] Maurach, a.a.O., S. 33.

[24] Art. 85 des III. Abkommens der Genfer Konvention von 1949 lautet: »Die Kriegsgefangenen, die auf Grund der Rechtsvorschriften des Gewahrsamsstaates für Handlungen, die sie vor ihrer Gefangennahme begangen haben, verfolgt werden, bleiben, auch wenn sie verurteilt werden, im Genusse der im vorliegenden Abkommen vorgesehenen Begünstigungen«.

[25] Der Beitritt der SU datiert v. 10. 05. 1954, die Rechtswirksamkeit vom 12. 11. 1954.

[26] Berber, a.a.O., S. 241.

[27] Berber, a.a.O., S. 240.

[28] Vgl. Berber, a.a.O., S. 251 f.

Die Durchführung der Kriegsverbrecherprozesse

Gruppierung der Anklagen

Die MWD-Gerichte haben in ihren Urteilen gegen deutsche Kriegsgefangene Vorgänge als Verbrechen behandelt und bestraft, die nach Inhalt, Tatzeit und Tatort sehr verschieden waren. Sie können in drei Gruppen gegliedert werden:

1. Verbrechen während der Vorkriegszeit (Friedenszeit) im Heimatgebiet des Täters (damals Großdeutsches Reich). Beispiel: Unterstützung der internationalen antikommunistischen Bourgeoisie durch die Tätigkeit als Justizbeamter, Verstoß gegen Art. 58/4 StGB/RSFSR.
2. Verbrechen während des Krieges im Heimatgebiet, im Ausland oder im Gebiet der UdSSR. Beispiele: Mißhandlung von Gefangenen in Deutschland oder der Sowjetunion, Verstoß gegen Ukas v. 19.03.1943; Zerstörung von Eisenbahnen durch Artilleriebeschuß, Verstoß gegen Art. 58/9 StGB/RSFSR; Spionage durch die Tätigkeit als Ic-Offizier bei einer Wehrmachtsstelle oder im Ausland als dort tätiger Kaufmann, Verstoß gegen Art. 58/6 StGB/RSFSR.
3. Verbrechen nach Kriegsende im Herrschaftsbereich der UdSSR. Beispiele: Sabotage durch Arbeitsverweigerung, Fluchtversuch aus dem Kriegsgefangenenlager, Verstoß gegen Art. 59/14 StGB/RSFSR.

Für so verschieden gelagerte und von Nicht-Sowjetbürgern (Ausländern) begangene Handlungen, nunmehr als Verbrechen von Kriegsgefangenen bezeichnet, haben sich die MWD-Gerichte für zuständig erklärt und sie in Verfahren nach sowjetischem Strafprozeßrecht und unter Anwendung von überwiegend sowjetischem materiellem Strafrecht abgeurteilt.

Zur prozessualen Seite der Verfahren

Über die Vorverfahren ist bereits berichtet worden. Die meisten enthielten massive Verstöße der Untersuchungsorgane gegen das Verbot des psychischen und des physischen Zwangs. Damit sind allgemeine Rechtsgrundsätze aufs schwerste verletzt worden, ebenso wurde gegen ausdrückliche sowjetische Gesetzesbestimmungen verstoßen. Die Beurteilung der Vorverfahren als »unverfälschte Inquisition«[1] mag hart klingen, trifft aber die Sach- und Rechtslage.

Schwieriger ist die Beurteilung der prozessualen Seite der Hauptverfahren. In sowjetischer Sicht sind sie selbstverständlich korrekte Verfahren und werden wohl auch heute noch so bewertet. Von deutscher Seite sind bereits gegen die Zuweisung der Kriegsgefangenenprozesse an die MWD-Militärgerichte rechtliche Bedenken geltend gemacht worden. Mit einem Hinweis auf die Haager Landkriegsordnung wurde bemerkt, daß entsprechend Art. 8 Abs. 1 LKO nur die Kriegsgerichte der sowjetischen Streitkräfte zur Aburteilung berufen gewesen seien[2]. Die Bemerkung ist berechtigt, muß sich aber entgegenhalten lassen, daß die völkerrechtliche Regelung die interne Organisationsgewalt der Gewahrsamsmacht nicht völlig aufhebt. Von ihr hat die Sowjetunion mit der Einordnung des Kriegsgefangenenwesens in das Innenministerium Gebrauch gemacht. Diesem Ministerium unterstanden die MWD-Truppen. Ihre Gerichte waren den Heereskriegsgerichten insofern gleich, als sie zu den in Art. 102 der Unionsverfassung und Art. 57 GVG vorgesehenen Sondergerichten gehörten und keine Ausnahmegerichte waren. In den uns vorliegenden originalen Urteilsauszügen bezeichnen sich dementsprechend die MWD-Gerichte als Kriegsgerichte (wojenny tribunal). Freilich bleibt das Bedenken bestehen, daß die MWD-Truppen nach unserem Verständnis Polizeiverbände, ihre Gerichte also Polizeigerichte waren[3]. Materielle Änderungen wären allerdings kaum zu erwarten gewesen, auch bei Heereskriegsgerichten wären die Kriegsgefangenenurteile nicht anders ausgefallen. Stalin war allmächtig, ein selbständiges Handeln der Kriegsgerichte der Roten Armee undenkbar. Auch sie hätten seine Weisungen widerstandslos befolgt[4].

Die reinen Verfahrensbemerkungen können kurz gehalten werden. Die Öffentlichkeit der Gerichtsverhandlung – allgemein in Art. 111 der Verfassung der UdSSR postuliert, in Art. 19 StPO/RSFSR ausdrücklich für den Strafprozeß festgelegt – konnte bestimmungsgemäß in Ausnahmefällen ausgeschlossen werden, und zwar, wenn im Prozeß militärische, diplomatische oder staatliche Geheimnisse berührt wurden. Nach Meinung der Gerichte fielen 92,07 % der Verfahren unter diese Ausnahme. Eine besondere Stellungnahme erübrigt sich, 92 % sind keine Ausnahme, sondern Mißbrauch. Auch das Fehlen von Verteidigern im Hauptverfahren stand

formal im Einklang mit dem sowjetischen Recht. Der Gerichtsvorsitzende konnte nach seinem Ermessen Ankläger und Verteidiger zur Hauptversammlung zulassen oder nicht. Grundsätzlich sollte ohne sie verhandelt werden, wenn »die Anklage genügend bewiesen« erschien (Art. 381 StPO). Dementsprechend waren in 83,64 % der Hauptverfahren keine Verteidiger zugelassen. Und dies, obwohl den Angeklagten die Höchststrafe drohte (ursprünglich die Todesstrafe, mit Erlaß vom 26.05.1947 durch eine Freiheitsstrafe von 25 Jahren ersetzt). Die wenigen zugelassenen Verteidiger verhielten sich passiv, in 2,78 %[5] der Fälle belasteten sie sogar den Angeklagten. Der allgemeine Rechtsgrundsatz, daß eine ausreichende Verteidigung des Angeklagten gewährleistet sein muß[6], ist so in über 86 % der Verfahren mißachtet worden.
Die Behandlung von Beweisanträgen bietet ein ähnliches Bild. Zwar war jeder Gerichtsvorsitzende nach Art. 257 StPO zur Aufdeckung der Wahrheit verpflichtet, gleichzeitig war aber Umfang und Art der Beweisaufnahme in das Ermessen des Gerichts gestellt. Wenn also von den wenigen Beweisanträgen – nur in 40,44 % der Verfahren wurden sie gestellt –, nur 2,27 % berücksichtigt wurden, so stimmte diese Behinderung der Verteidigung zwar formal mit der Regelung in Art. 57, 394 StPO überein, sachlich war sie Willkür. Die Herrschaft des Gerichts in der Beweisaufnahme ging sogar so weit, daß es Dokumente und Aussagen zur Entscheidungsgrundlage machen konnte, die nicht Gegenstand der Hauptverhandlung waren (Art. 396).
In die »Straffung der Verfahren« paßt auch die Vorschrift des Art. 397 StPO, nach der das Gericht dem Angeklagten den Schlußvortrag verbieten konnte, wenn es die Sache als in der gerichtlichen Verhandlung genügend bewiesen erachtete.
Außerordentlich bedeutsam für den Angeklagten war natürlich das Problem der russischen Sprache. Hier liegen schwere Verstöße gegen die im Gesetz verankerte Aufklärungspflicht vor, die mit einem Hinweis auf das richterliche Ermessen nicht gerechtfertigt werden können. Wenn der Verfolgte die Gerichtssprache nicht beherrschte, war die Zuziehung eines Dolmetschers prozessuale Pflicht (Art. 22 StPO/RSFSR für den ersten Vernehmungsabschnitt, Art. 140 StPO für den Untersuchungsrichter, Art. 241 StPO für das Gericht). Die Voraussetzung traf naturgemäß für alle deutschen Kriegsgefangenen zu, denn die wenigen Worte der täglichen Umgangssprache, die sie auf den Baustellen erlernt hatten, reichten für einen Strafprozeß nicht aus. Auch hier ist wieder das äußere Bild ge-

wahrt, denn in der Mehrzahl der Prozesse waren Dolmetscher anwesend. Aber ein erstaunlich hoher Teil von ihnen war der deutschen Sprache nur beschränkt mächtig. Die statistische Auswertung der Heimkehreraussagen ergibt die Zahl von 36,79 % an Hauptverfahren, in denen die Dolmetscher versagten. Zweifellos entsprach die Prozeßabwicklung in diesen Fällen nicht der zwingenden Vorschrift der StPO. Der Mangel muß als eine grobe Benachteiligung, ja als eine Rechtlos-Stellung der betroffenen Kriegsgefangenen bewertet werden.

Der Nachteil war besonders schwerwiegend, weil den Angeklagten die Kenntnis der Akten fehlte. Trotz Art. 205 StPO, der die Untersuchungsbeamten zur Gewährung von Akteneinsicht verpflichtete, haben die Kriegsgefangenen in 82,93 % der Fälle die Ermittlungsakten nicht einsehen dürfen.

Selbst wenn wir die Fragen der Öffentlichkeit des Verfahrens, der Verteidigergestellung und der Behandlung von Beweisanträgen dahingestellt sein lassen, weil die Sowjetseite sich formal auf die sowjetische Verfahrensregelung berufen kann: Die Gestellung von sprachlich ungenügenden Dolmetschern und das Versagen der Akteneinsicht hat die Angeklagten von der Hauptverhandlung nahezu »ausgesperrt«, sie waren dabei und waren wiederum nicht dabei. Sie sahen und hörten wohl, aber sie verstanden nicht. Die Benachteiligung durch die nicht überbrückte Sprachbarriere und die Verweigerung der Akteneinsicht sind so schwere Verfahrensmängel, daß diese Verstöße die Rechtmäßigkeit des Verfahrens und damit auch der Urteile aufs schwerste erschüttern.

Noch stärker werden die Zweifel, wenn wir die Verfahren mit den westlichen Rechtsgrundsätzen vergleichen. Wir kennen zahlreiche prozessuale Rechtsgarantien für den Angeklagten, die unverzichtbar sind. An vorderer Stelle steht sein Recht auf Verteidigung. Der Prozeß vor den MWD-Tribunalen war derart »vereinfacht«, daß die Gerichte praktisch in der Lage waren, dem Angeklagten jede Verteidigungsmöglichkeit zu nehmen[7]. Es gab in der Hauptverhandlung keinerlei Garantien für den Angeklagten. Eine mündliche Verhandlung, in welcher über Beweisanträge des Angeklagten zur Tagesordnung übergegangen werden konnte, in welcher diejenigen Punkte, auf die sich das Urteil stützte, nicht erörtert zu werden brauchten, in der von der Zuziehung eines Verteidigers abgesehen werden und in der schließlich dem Angeklagten selbst die Rede verboten werden konnte, »ein solches Verfahren«, urteilt Prof. Maurach, der Münchener Ordinarius für Strafrecht und osteuropäisches Recht, »ist Willkür; mit einem Strafprozeß hat es nichts gemein«[8]. Weder ist der dem angelsächsischen Recht entnommene Grundsatz der Waffengleichheit zwischen Anklage und Verteidigung, noch der allgemeine Rechtsgrundsatz der Gewährleistung einer ausreichenden Verteidigung[9] in den Prozessen gewahrt worden. Der Angeklagte war schutzlos einem unbekannten Verfahren ausgeliefert, in dem er nur Objekt, nicht Subjekt mit eigenen Rechten war. Die mündliche Verhandlung war meist ein bloßes Schauspiel, da die Angeklagten die Gerichtssprache nicht verstanden und sich nicht verteidigen konnten.

Noch weiter entfernt vom internationalen Mindeststandard für Strafverfahren waren die OSSO-Verfahren. In ihnen gab es weder Verteidiger noch überhaupt eine mündliche Verhandlung. Sie liegen außerhalb des Völkerrechts[10]. Wir dürfen zusammenfassend bemerken:

Bei den Spätprozessen der Sowjetunion hat sich dasselbe wiederholt, was nach dem Kriege auch bei den westlichen Kriegsverbrecherprozessen zu Tage getreten war: das rücksichtslose Beiseiteschieben von allgemeingültigen prozessualen Verfahrensregeln, die aus Gründen der Gerechtigkeit und der Menschlichkeit jeden Angeklagten zunächst als schuldlos und unbelastet behandeln und ihn erst mit dem Urteilsverdikt zum Schuldigen, zum Verbrecher werden lassen.

Hier betraten im Gegenteil die deutschen Kriegsgefangenen als in Wahrheit bereits Verurteilte den Sitzungsraum des Gerichts. In den Akten war ihre Schuld schriftlich festgelegt, und das Gericht tat im Grunde nichts weiter, als das nach Aktenlage vorgefertigte Urteil zu bestätigen und zu verkünden. Wie diese Akten zustande gekommen waren, wissen wir. Wir beurteilen die Hauptverhandlungen vor den MWD-Gerichten als Scheinprozesse, deren Urteile Stalinschen Weisungen entsprechen mußten.

---

1 Maurach, a.a.O., S. 82.
2 Borowitschi S. 214.
3 Vgl. auch Bährens in Bd. V, 1, S. 172f.
4 S. hierzu Maurach, a.a.O., S. 57, 83f.
5 Die Prozentzahlen beruhen auf Unterlagen des DRK.
6 Vgl. Berber, a.a.O., S. 256.
7 Maurach, a.a.O., S. 85.
8 Maurach, a.a.O., S. 86.
9 Berber, a.a.O., S. 256, führt diese Einwände als völkerrechtliche Bedenken gegen die Nürnberger Verfahren an.
10 Vgl. Bährens Bd. V, 1, S. 35 u. 149. Die OSSO-Verfahren waren für Angehörige der Roten Armee nicht vorgesehen. Die Anwendung auf Kriegsgefangene war daher durch Art. 8 Abs. 1 LKO, die grundlegende Vorschrift für Verfahren gegen sie, nicht gedeckt. Sie sind als Willkürakte zu werten.

Materiellrechtliche Betrachtung der Urteile

Für die Untersuchung der materiellrechtlichen Seite der Massenverurteilungen bieten sich mehrere Wege an. Der eine ist die Überprüfung einer großen Zahl von einzelnen Urteilen und die Erarbeitung eines Mikrozensus aus ihnen, um dann in erweitertem Rückschluß zu einem allgemeinen Ergebnis zu kommen. Dabei wäre sicherlich eine fundierte Beurteilung auch der materiellrechtlichen Fragen möglich. Für unseren Arbeitszuschnitt wäre aber der Arbeitsaufwand zu groß. Ein einfacherer Weg ist es, die Urteile entsprechend den angewandten Strafvorschriften nach Gruppen zu ordnen, die grundsätzliche Frage nach dem Sinngehalt der Deliktsgruppen zu stellen, die Vorschriften mit völkerrechtlichen Grundsätzen und allgemeinen Rechtsgrundsätzen zu vergleichen und schließlich zur rechtlichen Würdigung der Urteile zu kommen. Uns scheint das zweite Verfahren insofern zweckmäßig und erfolgversprechend zu sein, als dabei die Verschiedenheit der durch das sowjetische Strafrecht geschützten Rechtsgüter und der staatspolitischen Wertvorstellungen im Gegensatz zum westlichen Recht hervortritt und möglicherweise die Einzelprüfung der Urteile durch die angedeutete Grundlagenuntersuchung ersetzt bzw. überflüssig gemacht werden kann. Dabei muß bedacht werden, daß wir uns einer sehr allgemeinen und überwiegend politischen Frage zu stellen haben, der Frage nach der Vereinbarkeit der in den Prozessen angewandten sowjetischen Strafbestimmungen mit dem Völkerrecht und den Grundprinzipien der übrigen Welt. Die Schwierigkeit dieses tiefgreifenden Problems und das negative Ergebnis unserer prozessualen Untersuchung dürfen uns nicht hindern, nach einer gerechten Bewertung der sowjetischen Spätprozesse auf der Grundlage der damaligen materiellrechtlichen Situation zu suchen. Dabei wird das souveräne Recht der Sowjetunion, die Strafbestimmungen für ihre Staatsangehörigen auf der Grundlage ihrer Staatsideologie zu gestalten, ebenso zu beachten sein wie das Völkerrecht und die Forderungen der Menschlichkeit und des öffentlichen Gewissens, die in allgemeinen Rechtsanschauungen ihren Niederschlag gefunden haben.

Ein Mikrozensus, der alle Verfahren gegen Deutsche einschließlich der Verschleppten umfaßt, ergibt als Urteilsgrundlage in 92,2 % der Fälle sowjetische, in 6,5 % alliierte (Kontrollratsgesetze) und in 0,6 % beide Rechtsquellen[1]. Die Verhältniszahlen bieten einen guten Anhalt auch für die Spätprozesse von 1949/50, deren Anteil auf 70 % aller Verfahren gegen Deutsche beziffert wird[2]. Erörtern wir zunächst den größten Komplex, die Anwendung sowjetischen Strafrechts. Überwiegend ist das Strafgesetzbuch der Russischen Unionsrepublik (StGB/RSFSR) zugrunde gelegt worden. Es baut wie alle übrigen Strafgesetzbücher der Unionsrepubliken auf den zentralen Grundsätzen der UdSSR auf und kann für alle unsere Untersuchungen herangezogen werden, auch wenn das betreffende Urteil in einer anderen Unionsrepublik gefällt worden ist[3].

Zur Anwendung der gegenrevolutionären Strafbestimmungen

Fast zwei Drittel aller bekanntgewordenen Urteile sind mit Verstößen der Kriegsgefangenen gegen Art. 58 StGB/RSFSR begründet worden (64,5 %)[4]. Dieser in 14 Unterziffern gegliederte Artikel behandelt die sogenannten gegenrevolutionären Delikte. Er gehört damit zu den Staatsschutzbestimmungen, die wir in den Strafgesetzen aller Länder, wenn auch in unterschiedlicher Form, antreffen. Jeder Staat sucht sich gegen Hoch- und Landesverrat zu schützen. Mit gutem Grund, er will auf Dauer bestehen und muß sich seiner Gegner erwehren. Welzel[5] weist auf die Gefahr hin, daß sich das jeweils herrschende Regime mit Hilfe des Strafrechts selbst zu schützen sucht. »In solchen Fällen wird das Strafrecht zum Mittel des politischen Kampfes mißbraucht und der politische Gegner zum kriminellen Verbrecher gemacht«, stellt Welzel fest. Er zieht daraus den Schluß, daß in totalitären Staaten die Staatsschutzbestimmungen kein echtes Strafrecht sind, sondern bewußtermaßen ein Kampfmittel zur Vernichtung des innenpolitischen Gegners. Maßstab ist für ihn die Verfassung. Nur wo diese »legale Formen des Ringens um die politische Macht vorsieht, also nur in freiheitlichen Verfassungen, können Staatsschutzbestimmungen echte Strafnormen sein«[6].

Ein freiheitlicher Staat war nun die Sowjetunion Stalinscher Prägung gewiß nicht; jeder Versuch, die Macht zu gewinnen, wurde blutig unterdrückt. Und daß die s. Z. geltenden Staatsschutzbestimmungen der Sowjetunion in jedem politischen Gegner einen kriminellen Verbrecher sahen, ist leicht aus ihnen abzulesen. Schon die Definition der gegenrevolutionären Handlung zeigt, daß im Gesetz eine möglichst weite Ausdehnung des Begriffs angestrebt wurde. Jede Handlung gilt nach Art. 58 des Strafgesetzbuchs vom 22. 11. 1926[7] als gegenrevolutionär, die auf den Sturz, die Unterhöhlung oder die Schwächung der Sowjetherrschaft gerichtet ist. Eingeschlossen werden Handlungen gleicher Art gegen einen anderen Staat der Werktätigen (Art. 58/1). Die Betrachtung der sehr zahlreichen Tatbestände des Art. 58 läßt die Absicht des Gesetzgebers erkennen, für jeden Systemfeind und jede seiner systemfeindlichen Handlungen eine Strafbestimmung bereitzustellen. Die Wortauslegung von »gegenrevolutionär« und die bei der Schaffung der Vorschrift gegebenen politischen Realitäten machen deutlich, daß Art. 58 auf eigene Landsleute zugeschnitten ist. Das entspricht auch der Natur der Sache. Revolution und Gegenrevolution sind normalerweise Unternehmen von Angehörigen des betreffenden Staates. Die Revolutionäre betrachten sich als im eigenen Land benachteiligt, fühlen sich von der Staatsmacht ausgeschlossen und sind überzeugt, Anspruch auf mehr Rechte oder gar auf die Führung im Staate zu haben. Dementsprechend zielt Art. 58 auf Sowjetbürger, die in gegenrevolutionäre Machenschaften verstrickt sind. Einige der mit Strafe bedrohten Handlungen können überhaupt nur Sowjetbürger ausführen, so Vaterlandsverrat (58, 1a und b) mit Nebentatbeständen (58, 1c und 1d) und wohl auch gegnerische Handlungen während des Bürgerkrieges (58,13). Bei anderen Tatbeständen ist es nahezu unvorstellbar, daß ein Ausländer sie verwirklichen kann, etwa die Unterhöhlung der staatlichen Industrie sowie des Genossenschaftswesens durch Beeinträchtigung ihrer normalen Tätigkeit (58,7) oder die Sabotage durch bewußte Nichterfüllung oder vorsätzliche unzulängliche Erfüllung bestimmter Verpflichtungen in der speziellen Absicht, die Macht der Regierung und das Funktionieren des Staatsapparates zu beeinträchtigen (58,14).

Angesichts dieser Grundausrichtung gegen innerstaatliche Saboteure, Verräter und andere systemfeindliche Sowjetmenschen ist es mehr als fraglich, ob die Strafbestimmungen des Art. 58 auf Kriegshandlungen deutscher Soldaten angewandt werden durften[8]. Ein Krieg ist nach Ursprung, Ziel und Beteiligten von einer Revolution und Gegenrevolution grundverschieden. Er wird durch außenpolitische Gegensätze verursacht, richtet sich gegen einen äußeren Feind und wird von der Staatsführung befohlen und geleitet. Jeder Staatsangehörige muß mitmachen, ob er will oder nicht; die Kriegshandlungen des einzelnen beruhen auf Befehlen und nicht auf seinem eigenen freien Willen. Die Revolution dagegen richtet sich ebenso wie die Gegenrevolution gegen einen inneren Gegner, nämlich die eigene Staatsführung und ihre Träger, damit gegen Landsleute und Mitbürger. Sie spielt sich im Innern des eigenen Landes ab. Ihre Teilnehmer handeln aus eigenem Antrieb als Individuen, ihre Handlungen entspringen ihrem eigenen Willen und sind allein ihnen selbst zuzurechnen.

Rechtlich betrachtet steht der Krieg unter Völkerrecht, die Revolution unter innerstaatlichem Recht, und zwar unter dem geltenden, wenn sie verliert, unter neuem, wenn sie gewinnt.

An der Beurteilung des Ostfeldzuges als Krieg und nicht als Gegenrevolution ändert auch die Tatsache nichts, daß im weiteren Verlauf Sowjetmenschen auf deutscher Seite kämpften (Wlassow-Armee, Kosaken, Hilfswillige). Diese Vorgänge waren geringfügige Randerscheinungen, die wohl bei den Wlassow-Anhängern und den Kosaken auf politischer Gegnerschaft zum Bolschewismus, im übrigen zum großen Teil auf Selbsterhaltungstrieb der Beteiligten beruhten. Der zum Weltkrieg gewordene Ostfeldzug hat durch diese Nebenerscheinung seinen Charakter als Krieg im völkerrechtlichen Sinne nicht verloren, er darf nicht zugleich als Gegenrevolution eingestuft werden. Im sowjetischen Strafrecht ist die Gruppe der gegenrevolutionären Delikte als Kampf- und Schutzmaßnahme gegen innere Gegner konzipiert worden. Ihre Ausdehnung auf äußere Feinde widerspricht ihrem Sinngehalt. Die MWD-Urteile, die auf der Grundlage des Art. 58 erlassen worden sind – Spionage-Urteile gehören nicht hierher –, kranken daher an einer grundsätzlichen Begriffsverschiebung.

Es erscheint uns als absurd und grotesk, die Millionen Soldaten der deutschen Ostheere in einer rechtlichen Bewertung ihres Kriegseinsatzes gedanklich aus ihrem militärischen Verband und ihren militärischen Aufgaben zu lösen, jeden einzelnen von ihnen sodann als Individuum zum innenpolitischen Systemgegner der Sowjetunion zu erklären und ihn schließlich als Gegenrevolutionär in das innersowjetische Strafverfolgungssystem hineinzuziehen[9]. Überdies muß bezweifelt werden, daß Art. 58 StGB/RSFSR in seinen politischen Bestimmungen echte allgemein verbindliche Strafrechtsnormen gesetzt hat[10].

Die Tatbestände des Art. 58 StGB/RSFSR[11]

58/1 »Als *gegenrevolutionär* gilt jede Handlung, die auf den Sturz, die Unterhöhlung oder die Schwächung der Herrschaft der Räte der Arbeiter und Bauern und der von ihnen auf Grund der Verfassung der Union der SSR, der Unionsrepubliken und autonomen Republiken oder auf die Unterhöhlung oder Schwächung der äußeren Sicherheit der Union der SSR und der grundlegenden wirtschaftlichen, politischen und nationalen Errungenschaften der proletarischen Revolution gerichtet sind.
Kraft der internationalen Solidarität der Interessen aller Werktätigen gelten Handlungen gleicher Art als gegenrevolutionär auch dann, wenn sie gegen einen anderen – der Union der SSR nicht angehörenden – Staat der Werktätigen gerichtet sind.«

Die Sowjetunion hat mit der Neufassung ihres Strafrechts nach der Revolution Neuland betreten und stand bei der Abfassung offenbar noch unter dem Eindruck ihrer Schwierigkeiten mit den Systemgegnern in den ersten Jahren. Die Vorschrift gibt in Abs. 1 eine Definition des Begriffs »gegenrevolutionäre Handlung«. Sie will mit ihr und den folgenden Einzelbestimmungen alle Errungenschaften der Großen Oktoberrevolution schützen und bezieht in Abs. 2 sogar andere Staaten der Werktätigen in diesen Schutz ein. Auf unsere Ausführungen im vorhergehenden Abschnitt darf hingewiesen werden.
Eine Strafandrohung fehlt an dieser Stelle. Die Straftatbestände mit Strafandrohung folgen in den Unterziffern.

58/1a–1d – Vaterlandsverrat, Flucht ins Ausland –
(1,2% der Urteile gegen deutsche Kriegsgefangene)

1a »Vaterlandsverrat, d.h. Handlungen, begangen von Bürgern der UdSSR zum Nachteil der militärischen Macht der UdSSR, ihrer staatlichen Unabhängigkeit oder der Unantastbarkeit ihres Gebiets, wie Spionage, Preisgabe eines militärischen oder Staatsgeheimnisses, Überlaufen zum Feind, Flucht ins Ausland, wird bestraft –

mit der schwersten Kriminalstrafe – Erschießung, verbunden mit Konfiskation des gesamten Vermögens, bei Vorliegen mildernder Umstände – mit zehn Jahren Freiheitsentziehung, verbunden mit Konfiskation des gesamten Vermögens.«

1b »Die gleichen Handlungen werden, wenn von einer Militärperson begangen, mit der schwersten Kriminalstrafe – Erschießen, verbunden mit Konfiskation des gesamten Vermögens, bestraft.«

1c »Flieht eine Militärperson ins Ausland, so werden die volljährigen Mitglieder ihrer Familie, sofern sie die Vorbereitung oder Begehung des Verrats in irgend einer Weise gefördert oder davon zwar gewußt, die Behörden aber nicht in Kenntnis gesetzt haben, bestraft –

mit Freiheitsentziehung von fünf bis zu zehn Jahren, verbunden mit der Konfiskation des gesamten Vermögens.

Die übrigen volljährigen Mitglieder der Familie des Verräters, die mit ihm zusammengelebt haben oder zur Zeit der Begehung des Verbrechens von ihm unterhalten worden sind – werden ihrer Wahlrechte für verlustig erklärt und auf fünf Jahre in entlegene Bezirke Sibiriens verschickt.«

1d »Unterläßt es eine Militärperson, von einem in Vorbereitung befindlichen oder vollendeten Verrat Anzeige zu erstatten, so zieht dies nach sich –

Freiheitsentziehung von zehn Jahren.

Wird eine solche Unterlassung von sonstigen Bürgern (Nichtmilitärpersonen) begangen, so wird sie gemäß Art. 58/12 verfolgt.«

Bedroht werden nur Bürger der UdSSR und Militärpersonen, nur sowjetische sind gemeint. Aufbau und Inhalt (dabei Vaterlandsverrat, Überlaufen zum Feind, Flucht ins Ausland) und die angedrohten Strafen machen dies deutlich (Mitbestrafung von Familienmitgliedern, Verlust des Wahlrechts). Die Anwendung der Vorschrift auf Ausländer, hier auf Kriegsgefangene, muß als willkürliche Ausweitung des Personenkreises abgelehnt werden. Sie ist falsch und kann nicht als erweiternde Auslegung i. S. des Art. 16 (Analogie) angesehen werden. Gleichwohl sind 12 von 1000, d. h. 1,2 % der Urteile auf Art. 58/1 gestützt worden[12], betroffen waren darunter deutschsprachige Kriegsgefangene, die in der Sowjetunion geboren, im Laufe des Krieges ins Deutsche Reich zurückgekehrt waren und die deutsche Staatsangehörigkeit erworben hatten. Die MWD-Tribunale behandelten sie weiterhin als sowjetische Bürger.

58/2 – Aufstand, Aggression von Banden –
(3,6 % der Urteile gegen deutsche Kriegsgefangene)

»Bewaffneter Aufstand oder Eindringen von bewaffneten Banden in das Sowjetgebiet in gegenrevolutionärer Absicht, Ergreifung der zentralen oder örtlichen Gewalt in der gleichen und insbesondere der Absicht, von der Union der SSR und der einzelnen Unionsrepublik irgend einen ihrer Gebietsteile gewaltsam abzutrennen oder die von der Union der SSR mit ausländischen Staaten abgeschlossenen Verträge aufzuheben, ziehen nach sich –

die schwerste Maßnahme des sozialen Schutzes – Erschießung oder Erklärung zum Feind der Werktätigen, verbunden mit Vermögenskonfiskation, Aberkennung der Staatsangehörigkeit der Unionsrepublik und damit der Staatsangehörigkeit der Union der SSR und dauernder Verweisung aus dem Gebiet der Union der SSR; bei Vorliegen mildernder Umstände ist Herabsetzung bis zu Freiheitsentziehung nicht unter drei Jahren, verbunden mit völliger oder teilweiser Vermögenskonfiskation zulässig.«

Die Vorschrift ist redaktionell ungenau, da sie z. T. strafbare Gesamtvorgänge beschreibt (Aufstand und Eindringen bewaffneter Banden), nicht aber die im einzelnen strafbaren Taten. Sie ist ebenfalls aus der frühen Zeit nach der Revolution heraus zu verstehen und hat vor allem Systemgegner aus den eigenen Völkern im Auge, wie aus den Strafdrohungen zu entnehmen ist (Vermögenskonfiskation, Aberkennung der Staatsangehörigkeit). Sie enthält verschiedenartige Tatbestände:
Aufstand: Er ist die innerstaatliche kämpferische Erhebung von inneren Gegnern und setzt begrifflich die Teilnahme, mindestens die überwiegende Mitbeteiligung von Sowjetbürgern voraus. Von einer solchen kann hier nicht die Rede sein, ein Krieg zwischen Staaten, wie sie der deutsch-sowjetische Krieg darstellt, ist keine innerstaatliche Erhebung, kein Aufstand.

Eindringen bewaffneter gegenrevolutionärer Banden in das Sowjetgebiet

Der Begriff »Bande« muß so ausgelegt werden, wie er allgemein verstanden wird, da eine nähere Beschreibung fehlt. Eine »Bande« wird u. a. charakterisiert durch ihre Lösung von Gesetz und Ordnung; sie kann als Menschengruppe bezeichnet werden, die sich zu gesetz- oder ordnungswidrigem Tun zusammengefunden hat und außerhalb staatlicher Organisation und Leitung steht. Die Streitmacht eines zur Völkergemeinschaft gehörenden Staates ist dagegen in ihrer Gliederung und ihren Einheiten geradezu die Verkörperung der Staatsmacht selbst und daher weder insgesamt noch in ihren Teilen eine »Bande« i. S. der behandelten Vorschrift. Das gilt auch für die damalige deutsche Wehrmacht. Wenn sie oder die deutschen Soldaten in sowjetischen Verlautbarungen während des Krieges gelegentlich als Bande tituliert worden sind, so wurde mit diesem, dem politischen Propaganda-Vokabular entnommenen Ausdruck die Feindschaft des Sowjetstaates zu Deutschland und dem Faschismus in heftiger und entschiedener Weise deutlich gemacht. Die spätere strafrechtliche Begriffsauslegung des Art. 58/2 wird davon nicht beeinflußt. Die Begründung der zahlreichen einschlägigen Urteile gegen deutsche Soldaten mit »Eindringen bewaffneter gegenrevolutionärer Banden in das Sowjetgebiet« nach Art. 58/2 sind unhaltbar. Maurach hält die auf dieser Grundlage ergangenen Urteile für besonders deprimierend; er zitiert als Beispiele die Verurteilung eines Kompanieschusters, der »durch seine Arbeit die Invasionstruppen ausrüstete«, und eines Musikers, der »den faschistischen Kampfgeist anstachelte«[13].

58/3 – Konspiration, Kollaboration –
(0,2 %)

»Unterhaltung von Beziehungen zu einem ausländischen Staat oder zu einzelnen Vertretern desselben in gegenrevolutionärer Absicht oder Vorschubleistung jeder Art zugunsten eines ausländischen Staates, der sich mit der Union der SSR im Zustand des Krieges, der bewaffneten Intervention oder Blockade befindet, ziehen nach sich – die in Art. 58/2 dieses Gesetzbuches bezeichneten Maßnahmen des sozialen Schutzes.«

Auch diese Vorschrift ist von der frühen Nachrevolutionszeit geprägt (Krieg, bewaffnete Intervention, Blockade) und vor allem gegen Sowjetmenschen gerichtet (vgl. Strafandrohung). Sie will konspirative Zusammenarbeit mit feindlichen Staaten vor und während eines Krieges usw. verhindern. Gegen deutsche Soldaten des Rußland-Krieges ist sie daher nicht anwendbar. Entsprechend niedrig ist die Zahl der (fälschlichen) Anwendung bei Verurteilungen von Kriegsgefangenen.

58/4 – Unterstützung der internationalen Bourgeoisie –
(2,9 % der Urteile gegen deutsche Kriegsgefangene)

»Jegliche Art der Unterstützung des Teiles der internationalen Bourgeoisie, der die Gleichberechtigung des das kapitalistische System ablösenden kommunistischen Systems nicht anerkennt und seinen Sturz erstrebt, oder der sozialen Gruppen und Organisationen, die unter dem Einfluß dieser Bourgeoisie stehen oder unmittelbar von ihr organisiert sind, bei Ausübung der der Union der SSR feindlichen Tätigkeit, zieht nach sich –

Freiheitsentziehung nicht unter drei Jahren, verbunden mit völliger oder teilweiser Vermögenskonfiskation; bei Vorliegen besonders erschwerender Umstände: Erhöhung bis zur schwersten Maßnahme des sozialen Schutzes – Erschießung oder Erklärung zum Feind der Werktätigen, verbunden mit Aberkennung der Staatsangehörigkeit der Unionsrepublik und damit der Staatsangehörigkeit der Union der SSR, dauernder Verweisung aus dem Gebiet der Union der SSR und Vermögenskonfiskation.«

58/4 ist eine der erstaunlichsten Vorschriften des sowjetischen Strafrechts. Sie gibt nicht mehr als einen weitgefaßten und schwammigen Rahmen für die Verfolgung von potentiellen Klassenfeinden und Mitläufern, die irgend etwas getan haben, das den internationalen Systemgegnern nützt. Da konkrete Tatbestandsangaben fehlen, ist es offenbar dem Richter überlassen, den Rahmen nach eigenen Vorstellungen auszufüllen. Der Richter macht sich sozusagen den Straftatbestand selbst. Die Vorschrift ist von den Strafrechtsvorstellungen der westlichen Welt mit ihren selbstverständlichen Forderungen nach sorgfältiger und genauer Festlegung des Straftatbestandes weit entfernt. Die programmatischen Phrasen[14] und die unklaren Ausdrücke (»jegliche Art der Unterstützung«, »Teile der internationalen Bourgeoisie«, »unter dem Einfluß stehen«) haben zu den seltsamsten Auswüchsen geführt, so zur Verurteilung eines Wiener Oberlandesgerichtspräsidenten wegen der Ausübung seines Berufs während der Vorkriegszeit in Wien. Vgl. auch die Verurteilung der Richter der Heeresgruppe Kurland[15]. Die Vorschrift kann zur Verurteilung nahezu jedes Mißliebigen ausgenutzt werden, sogar von Ausländern, wenn der unzulässige Sprung gewagt wird, die nur für Sowjetbürger bestimmte Vorschrift allgemein anzuwenden. Und das ist in zahlreichen Kriegsverbrecherprozessen geschehen[16].

58/5 – Konspiration zur Herbeiführung von Krieg oder sonstigen unfreundlichen Akten –
(0,2 %)

»Veranlassung eines fremden Staates oder irgendwelcher in ihm bestehender sozialer Gruppen im Wege der Konspiration mit ihren Vertretern, durch Benutzung falscher Urkunden oder auf sonstige Weise zu einer Kriegserklärung, einer bewaffneten Einmischung in die Angelegenheiten der Union der SSR oder zu sonstigen unfreundlichen Akten, insbesondere Blockade, Beschlagnahme von Staatseigentum der Union der SSR oder der Unionsrepubliken, Abbruch der diplomatischen Beziehungen, Bruch der mit der Union der SSR geschlossenen Verträge und dgl. zieht nach sich –
die in Art. 58/2 dieses Gesetzbuches bezeichneten Maßnahmen des sozialen Schutzes.«

Während 58/4 die Hilfe des Täters für Systemfeinde unter Strafe stellt, die Initiative für feindliche Handlungen also dem Feind überläßt, bedroht 58/5 die eigene Initiative des Täters zum Auslösen von feindseligen Handlungen fremder Staaten oder sozialer Gruppen. Als Mittel des Täters werden Konspiration, falsche Urkunden oder »sonstige« genannt, als Ziel

Kriegserklärung, bewaffnete Einmischung oder sonstige unfreundliche Akte, die von der Blockade bis zum Vertragsbruch reichen. Die Vorschrift ist auf sowjetische Bürger und Vorkriegszeiten angelegt. Tatbestände, die – von dieser Einschränkung abgesehen – ihre Anwendung auf deutsche Soldaten nach Kriegsbeginn rechtfertigen, sind kaum vorstellbar. Nur wenige Kriegsverbrecherurteile (2 von 1000) sind auf 58/5 gestützt.

58/6 – Spionage –
(41,9% der Urteile gegen deutsche Kriegsgefangene)

»Spionage, d.h. Weitergabe, Entwendung oder zwecks Weitergabe vorgenommene Sammlung von Nachrichten, die sich ihrem Inhalt nach als ein besonders schutzwürdiges Staatsgeheimnis darstellen, zugunsten ausländischer Staaten, gegenrevolutionärer Organisationen oder Privatpersonen, zieht nach sich –

Freiheitsentziehung nicht unter drei Jahren, verbunden mit völliger oder teilweiser Vermögenskonfiskation; in den Fällen jedoch, in denen die Spionage besonders schwere Nachteile für die Interessen der Union der SSR herbeigeführt hat oder hätte herbeiführen können: Erhöhung bis zur schwersten Maßnahme des sozialen Schutzes – Erschießung oder Erklärung zum Feind der Werktätigen, verbunden mit der Aberkennung der Staatsangehörigkeit der Union der SSR, dauernder Verweisung aus dem Gebiet der Union der SSR und Vermögenskonfiskation.

Weitergabe, Entwendung oder zwecks Weitergabe vorgenommene Sammlung von wirtschaftlichen Nachrichten, die sich ihrem Inhalt nach als ein besonders schutzwürdiges Staatsgeheimnis nicht darstellen, aber gemäß einem ausdrücklichen gesetzlichen Verbot oder der Verfügung des Leiters einer Behörde, Anstalt oder Unternehmung der Bekanntgabe entzogen sind, zugunsten der oben bezeichneten Organisationen und Personen, sei es entgeltlich, sei es unentgeltlich, ziehen nach sich –

Freiheitsentziehung bis zu drei Jahren.«

Die Spionage gehört zu den Delikten, die auf der ganzen Welt von allen Staaten verfolgt und bestraft werden. In der Sowjetunion spielte die Verfolgung von Spionen von jeher eine besondere Rolle. Hier war frühzeitig – dabei muß an die nachrevolutionäre Zeit mit ihrer Undurchsichtigkeit, ihren vielfältigen Gegnern und den harten Methoden der Verfolgungsorgane erinnert werden – eine Spionagefurcht entstanden, die sich bis zur Hysterie steigerte. Nicht nur viele Sowjetbürger bekamen dies zu spüren[17], jeder Ausländer wurde beobachtet und meist sogar förmlich überwacht. In Kriegszeiten wurde die Absicherung gegen etwaige Ausspähung noch wichtiger genommen. So stand sie auch im deutsch-sowjetischen Krieg an vorderer Stelle. Der offiziellen Einstellung entsprach es, jeden Schritt von inneren Systemgegnern oder äußeren Feinden, der auf Interesse für Vorgänge oder Verhältnisse in der Sowjetunion schließen ließ, als Spionage anzusehen und zu verfolgen. Die weitgefaßte Formulierung der strafrechtlichen Spionage-Bestimmung gab den MWD-Organen fast grenzenlose Möglichkeiten. Nachrichten, die sich »als besonders schutzwürdiges Staatsgeheimnis« darstellten, das konnten schon Mitteilungen über die nebensächlichsten Dinge sein, denn alles konnte dem faschistischen Feind nützen, jedes gesprochene, jedes geschriebene Wort, wenn es nur sowjetische Dinge betraf. Dementsprechend sehen wir Soldaten und Zivilisten als Spione verurteilt, die in ihrem Einsatz- oder Lebenskreis Kenntnisse über Sowjetverhältnisse erworben und verwendet hatten. Nach sowjetischer Auffassung beruhten ihre Kenntnisse auf »Nachrichten«; die Weitergabe dieser »Nachrichten« bestand in ihrer Verwendung in Anordnungen, Befehlen, Maßnahmen, Berichten, die bestimmungsgemäß in die Hände anderer Personen gelangten. Die Auslegung der Spionagevorschrift des Art. 58/6 hat sie in der Praxis zu einer Art Generalklausel werden lassen und auch in der Kriegsverbrecherjustiz zu »völlig absurden Ergebnissen«[18] geführt. Maurach spricht von einer »den primitivsten Kriegsregeln (vgl. Art. 29–31 LKO) widersprechenden Anwendung der Spionagebestimmungen« und nennt sie grotesk[19]. Betroffen waren u. a. der gesamte Ic-Dienst (Feindbild-Gewinnung, Abwehr) einschließlich der Dolmetscher und des Hilfspersonals; Kriegsberichter; Angehörige von Aufklärungsabteilungen, die als Spitze der Kampfverbände das Gelände zu erkunden und aufzuklären hatten; Aufklärungsflieger; Angehörige von Nachrichteneinheiten (Funk- und Fernmeldedienste); Angehörige des diplomatischen Dienstes, die in Sowjethand gefallen waren[20].

Die Anwendung des Art. 58/6 durch die MWD-Militärtribunale auf die genannten Dienste und Truppenteile muß wegen der uferlosen Ausdehnung dieser Gesetzesbestimmung als willkürlich bezeichnet werden. Sie steht auch in Widerspruch zu allgemeinen Rechtsgrundsätzen und zum Völkerrecht. Die inkriminierten Soldaten gehörten sämtlich zu den in jeder modernen Wehrmacht bestehenden und erforderlichen Stäben und Einheiten. Auch die Rote Armee besaß und besitzt alle diese Einrichtungen und Gliederungen. Das muß so sein, denn ohne sie kann kein moderner Krieg geführt werden. Ein einfacher Hinweis macht die Fehlerhaftigkeit der Urteile deutlich. Unstreitig galt und gilt das zum Völkerrecht gehörende Kriegsrecht auch in verbotenen Kriegen[21]. Auch im deutsch-sowjetischen Krieg war es anzuwenden. Da in ihm aber weder die Ausstattung einer Wehrmacht mit den bezeichneten Gliederungen noch ihr Einsatz verboten waren, durften auch nicht Soldaten wegen ihrer Zugehörigkeit und wegen ihres Einsatzes in den entsprechenden Aufgabenbereichen bestraft werden. Das wäre nur in Betracht gekommen, wenn die Soldaten persönlich gegen das Kriegsrecht verstoßen hätten, was eines besonderen Nachweises bedurft hätte.

Ein weiteres Bedenken kommt hinzu. Die Haager Landkriegsordnung läßt Spionage innerhalb des Operationsgebietes (Art. 29) straffrei, wenn der Spion zu seinem Heere zurückgekehrt ist. Wird er später vom Feinde gefangengenommen, kann er nicht für früher begangene Spionage zur Verantwortung gezogen werden (Art. 31)[22]. Über diese, auf die meisten Verurteilungen nach 58/6 anwendbare Freistellungsvorschrift haben sich die MWD-Tribunale aber hinweggesetzt, obwohl die Straflosigkeit des militärischen Spions nach durchgeführtem Auftrag der Sowjetpraxis durchaus bekannt war[23].

Ebensowenig kümmerten sie sich um Art. 24 LKO. Er lautet: »Kriegslisten und die Anwendung der notwendigen Mittel, um sich Nachrichten über den Gegner und das Gelände zu verschaffen, sind erlaubt.«

Im praktischen Ergebnis sind Spionage-Urteile herausgekommen, »die zu den größten Monstrositäten der Kriegsverbrecherjustiz gehören«[23]. Auch ihre Zahl erscheint als »monströs«. 41,9% aller Kriegsverbrecherurteile sind mit Verstößen gegen 58/6 begründet worden[24]. Danach müßten unter den 37000 Verurteilten[25] über 15000 Spione gewesen sein, eine Vorstellung, die bei unbefangenen Beobachtern Kopfschütteln hervorruft. Hier hat sich die MWD-Justiz überschlagen, die Urteile nach 58/6 können juristisch nicht ernstgenommen werden[26].

58/7 – Unterhöhlung der sowjetischen Wirtschaft durch Mißbrauch von Einrichtungen oder Beeinträchtigung in gegenrevolutionärer Absicht – (0,2%)

»Unterhöhlung der staatlichen Industrie, des staatlichen Verkehrswesens, Handels-, Geldverkehrs oder Kreditsystems sowie des Genossenschaftswesens, begangen in gegenrevolutionärer Absicht durch mißbräuchliche Benutzung staatlicher Behörden oder Unternehmen oder durch Beeinträchtigung ihrer normalen Tätigkeit sowie mißbräuchliche Benutzung staatlicher Behörden oder Unternehmen oder die Beeinträchtigung ihrer Tätigkeit, begangen im Interesse der ehemaligen Eigentümer oder interessierter kapitalistischer Organisationen, ziehen nach sich –

die in Art. 58/2 dieses Gesetzbuches bezeichneten Maßnahmen des sozialen Schutzes.«

Die Vorschrift dient dem Ziel, die sowjetische Wirtschaft vor Widersachern und ihren Schädigungsversuchen zu schützen. Um umfassend zu sein, bedient sie sich möglichst weitgreifender Begriffe (vgl. z. B. Unterhöhlung, Beeinträchtigung, interessierte kapitalistische Organisationen, Kreditsystem, Genossenschaftswesen). Sie wird dadurch unscharf und gibt der Auslegung durch den Richter so weiten Raum, daß jedes Tun und Unterlassen auf wirtschaftlichem Gebiet, das nachteilige Folgen hat, als Verbrechen verfolgt werden kann. Die geforderte Mißbräuchlichkeit des Handelns bzw. die Beeinträchtigung kann aus jedem Nachteil abgelesen werden, ebenso die gegenrevolutionäre Absicht. In den dreißiger Jahren wurde die Vorschrift unter dem Slogan »Schädlinge am Werk« gegen die Masse des sowjetischen Volkes angewandt[27].
Die Schädlingsarbeit setzt eine Tätigkeit innerhalb der sowjetischen Wirtschaft voraus. Die Vorschrift war daher auf Handlungen fremder Soldaten während des Krieges nicht anwendbar, gleichgültig, ob sie im Operationsgebiet oder im besetzten Hinterland stattfanden. Denn dort gab es keine sowjetische Wirtschaft mehr. Nach dem Kriege ist die Vorschrift nicht wenigen deutschen Kriegsgefangenen zum Verhängnis geworden, die als Arbeitskräfte eingesetzt waren und dabei angeblich schlechte Arbeit geleistet haben sollten. Sie wurden für den Ausfall von Maschinen, für die Herstellung von Ausschuß-Erzeugnissen verantwortlich gemacht, oder man warf ihnen vor, daß sie die geforderte Arbeitsnorm nicht erfüllt hatten[28].

58/8 – Terroristische Handlungen gegen sowjetische Staatsdiener oder Funktionäre –
(2 %)

»Begehung terroristischer Handlungen gegen Vertreter der Sowjetmacht oder Funktionäre revolutionärer Organisationen der Arbeiter und Bauern sowie Teilnahme auch einer gegenrevolutionären Organisation nicht angehöriger Personen an der Ausführung solcher Handlungen ziehen nach sich –

die in Art. 58/2 dieses Gesetzbuches bezeichneten Maßnahmen des sozialen Schutzes.«

Nach sowjetischer Anschauung ist die Kommunistische Partei der Sowjetunion Trägerin der kommunistischen Weltanschauung und Führerin auf dem Wege vom sowjetischen Sozialismus zum Kommunismus. Ihre erprobten und zuverlässigen Repräsentanten befinden sich in allen wichtigen Staats-, Verwaltungs- und Organisationsstellen. Von ihnen und ihrem Einsatz hängen Bestand und Fortschritt der sozialistischen Gesellschaft und des sowjetischen Staates ab. Sie müssen daher persönlich vor Behinderung, Zwang und Gewalt durch Systemgegner und deren Mitläufer geschützt werden. Diesem Zweck dient die hier behandelte Bestimmung. In ihr ist der Begriff der terroristischen Handlung nicht beschrieben und dem Richter ein nahezu uferloser Spielraum gelassen worden. Er reicht vom bloßen Androhen von Nachteilen durch den Täter bis zur physischen Gewalttätigkeit gegen Staatsdiener oder Funktionäre sowjetischer Organisationen. Auch harmlose Vorgänge lassen sich unter die Strafdrohung bringen. Die Zahl der Urteile gegen deutsche Kriegsgefangene liegt hoch, sie geht in die Hunderte.

58/9 – Diversion –
(0,7%)

»In gegenrevolutionärer Absicht mittels Sprengung, Brandstiftung oder auf andere Weise begangene Zerstörung oder Beschädigung von Eisenbahnen oder sonstigen Verkehrswegen und -mitteln, von nationalen Nachrichtenmitteln, Wasserleitungen, öffentlichen Depots oder sonstigen zum staatlichen oder öffentlichen Vermögen gehörenden Anlagen zieht nach sich –

die in Art. 58/2 dieses Gesetzbuches bezeichneten Maßnahmen des sozialen Schutzes.«

Der bei uns wenig bekannte Begriff der Diversion (Wortübersetzung: Abweichung, im militärischen Bereich für »Ablenkungsangriff« verwendet) wird in der Sowjetunion häufig gebraucht. »Diversionsakte« sind bewußte Verstöße gegen die kommunistische Ordnung, besonders die Wirtschaftsordnung; der Täter ist ein »Diversant« (die Bezeichnung ist inzwischen zu einem Schimpfwort geworden). Die Vorschrift zählt einzelne Objekte als strafrechtlich besonders geschützt auf (Eisenbahnen usw.). Gerade sie waren kriegswichtig, viele von ihnen wurden daher in Kriegshandlungen einbezogen und aus militärischer Notwendigkeit zerstört. Wegen dieser Vorgänge wurden Kriegsverbrecherurteile gegen beteiligte Pioniere erlassen. Dabei haben sich die Richter über die mehrfach erwähnte Freistellungsbestimmung des Art. 23 LKO hinweggesetzt, der entsprechende Handlungen für nicht verfolgbar erklärt, wenn sie im Rahmen der Kriegsnotwendigkeit liegen. Ähnliches trifft auf Verurteilungen wegen Entnahme von Holz aus den Wäldern für Bau- oder andere Zwecke zu. Art. 53 LKO gestattet derartige Eingriffe in das staatliche Vermögen, wenn sie im Rahmen des Krieges oder der Besetzung notwendig sind[29]. Wegen der »gegenrevolutionären Absicht« sei auf die Ausführungen S. 71 f. verwiesen, sie anzunehmen, ist fehlerhaft. Der Begriff der Diversion hat bei den Urteilen eine Ausdehnung gefunden, die als Willkür zu bezeichnen ist. Worin z. B. bei einem Ic-Offizier eines Armeestabes, der die Feindlage bearbeitete, eine Diversion gefunden werden kann, bleibt völlig unbegreiflich.

58/10 Gegenrevolutionäre Propaganda oder Agitation – (5,3 %)

»Propaganda oder Agitation, die zu Sturz, Unterhöhlung oder Schwächung der Sowjetherrschaft oder zu Begehung einzelner gegenrevolutionärer Verbrechen (Art. 58/2–58/9 dieses Gesetzbuches) auffordern sowie Verbreitung, Herstellung oder Aufbewahrung von Schriften gleichen Inhalts ziehen nach sich –

Freiheitsentziehung nicht unter sechs Monaten.

Werden die gleichen Handlungen bei Massenaufruhr, unter Ausnutzung religiöser oder nationaler Vorurteile der Massen, während des Krieges oder an Orten, über die der Kriegszustand verhängt ist, begangen, so ziehen sie nach sich –

die in Art. 58/2 dieses Gesetzbuches bezeichneten Maßnahmen des sozialen Schutzes.«

In der neueren Zeit ist wohl nirgendwo die Macht von Propaganda und Agitation so gründlich erkannt und so planmäßig genutzt worden wie in der von der KPdSU geführten Sowjetunion. Die ständige Unterrichtung, Aufklärung und Erziehung der Massen im Sinne der Sowjetpolitik und Sowjetherrschaft ist dort zu einem der wichtigsten Führungsmittel geworden. Um so klarer hat die Sowjetführung frühzeitig die Gefahr erkannt, die in einer gegen ihre Herrschaft gerichteten Propaganda liegen konnte. Sie wußte, daß Gegenkräfte einer geistigen Vorbereitung durch entsprechende Propaganda bedurften, um organisiert und gefährlich werden zu können. Das mußte bereits im Ansatz verhindert werden. Diesem Ziel dient die hier behandelte Vorschrift. Sie ist seit Bestehen sehr häufig gegen Sowjetbürger angewandt worden[30].

Dasselbe ist in den Kriegsverbrecherprozessen geschehen. Sie ist in mehr als 1000 Fällen Urteilsgrundlage gewesen[31] und liegt bei den angewandten sowjetischen Strafrechtsbestimmungen an zweiter Stelle hinter der sogenannten Spionage.

Zur Klarstellung der Begriffe Propaganda und Agitation muß die sowjetische Verfassung herangezogen werden. Sie garantiert im Kapitel von den Grundrechten und Grundpflichten den Bürgern die Redefreiheit (Art. 125), läßt diese Freiheit aber nur »in Übereinstimmung mit den Interessen der Werktätigen und zum Zwecke der Festigung des sozialistischen Systems« gelten. Die Rede- oder Äußerungsfreiheit ist also nicht schrankenlos. Ihre Grenzen finden sich in den Interessen der Werktätigen und im sozialistischen System, die beide durch die kommunistische Lehre und die an ihr ausgerichtete Generallinie der Partei festgelegt sind. Meinungsäußerungen, die diese Grenzen überschreiten, liegen außerhalb der Garantie des Art. 125 und können als gegenrevolutionäre Propaganda oder Agitation verfolgt werden[32]. Hier tritt der grundsätzliche Gegensatz zwischen den westlichen und den sowjetischen Anschauungen von staatsbürgerlicher Freiheit zu Tage. Durch die erörterte Regelung ist jede Kritik an der Sowjetherrschaft als solcher und jede Beanstandung der tatsächlichen Herrschaftsformen, von Institutionen und staatlichen Maßnahmen unter Strafe gestellt. Nun hat die Sowjetunion selbstverständlich das souveräne Recht, den Freiheitsrahmen für ihre Bürger nach ihren eigenen Grundvorstellungen zu bestimmen. Anders liegt aber die Anwendung dieser Bestimmungen auf die in ihre Hand gefallenen Kriegsgefangenen.

Diese stehen unter dem Schutz des Völkerrechts und haben Anspruch auf seine Beachtung. Die weitgehende Einschränkung der Redefreiheit verstößt gegen die Rechtsvorstellungen der westlichen Welt. Dort kann jeder Staatsbürger über alle den Staat betreffenden Dinge reden und eine der Regierung entgegengesetzte Meinung vertreten. Gerade hierin wird die staatsbürgerliche Freiheit gesehen. Diese Rechtsanschauung ist so allgemein und grundsätzlich, daß sie als Bestandteil des allgemeinen Völkerrechts anzusehen ist. Soweit die Strafbestimmung der Art. 58/10 StGB/RSFSR gegen Kriegsgefangene wegen antisowjetischer Äußerungen während der Gefangenschaft angewendet worden ist, muß daher – abgesehen von den Zweifeln, ob in den Klagen und Mißfallensäußerungen der Gefangenen, um die es sich meist handelte, wirkliche Aufforderungen zu gegenrevolutionären Taten zu finden waren – ein Verstoß der MWD-Gerichte gegen das Völkerrecht und ein Mißbrauch des Bestrafungsrechts gegen Kriegsgefangene festgestellt werden. Als Extremfall sei die Bestra-

fung wegen gemeinsamer philosophischer Lektüre (Kant) als gegenrevolutionäre Agitation erwähnt[33].
Der weitaus größere Teil der einschlägigen Urteile ist wegen angeblicher Verbrechen, die während des Krieges begangen wurden, ergangen. Betroffen sind u. a. Kriegsberichter und Angehörige von Propaganda-Kompanien und ihren Außentrupps und von Ic-Dienststellen. Der Hinweis sei hier wiederholt, daß die Ausdehnung der für innersowjetische Systemgegner bestimmten Vorschrift auf Kriegshandlungen fremder Soldaten unzulässig ist. Die Propaganda gegen den Feind ist ein Mittel moderner Kriegsführung und durch das Völkerrecht nicht verboten.

58/11 – Organisieren von gegenrevolutionären Verbrechen oder Teilnahme an entsprechenden Organisationen –
(0,5 %)

»Auf die Vorbereitung oder Begehung der in diesem Kapitel vorgesehenen Verbrechen gerichtete organisatorische Tätigkeit jeglicher Art sowie Teilnahme an einer Organisation, die zur Vorbereitung oder Begehung eines in diesem Kapitel vorgesehenen Verbrechens gebildet worden ist, ziehen nach sich –
die in den entsprechenden Artikeln dieses Kapitels genannten Maßnahmen des sozialen Schutzes.«

Um möglichst frühzeitig etwaige konterrevolutionäre Umtriebe strafrechtlich verfolgen zu können, dehnt die Vorschrift die vorangegangenen Strafbestimmungen, ohne ihnen materielle Ergänzungen hinzuzufügen, auf einen Täterkreis aus, der zwar noch keine dieser gegenrevolutionären Verbrechen begangen oder versucht hat, der sie aber plant und vorbereitet. Die bedrohten Vorbereitungshandlungen bestehen entweder in eigener organisatorischer Tätigkeit oder in der Teilnahme an bereits bestehenden Organisationen (formelle Mitgliedschaft wird nicht gefordert). Damit wird das Sicherheitsnetz des Sowjetstaates gegen Systemfeinde so engmaschig gemacht, daß sich in ihm jeder gemeinsame Widerstand verfangen muß. Für den Staat bedeutet dies eine Verstärkung der Abwehr, für die Systemgegner die Knebelung jeder Opposition, denn ohne Organisation kann kein Gegner auf Erfolg hoffen. Auch in dieser Vorschrift zeigt sich das Bestreben des Gesetzgebers, den Spielraum des Richters möglichst groß zu machen, da der Begriff der Organisation i. S. der Art. 58/11 beliebig eng oder beliebig weit verstanden werden kann.
Zielrichtung und Fassung der Vorschrift (Ausdehnung auf Vorbereitungshandlungen, unscharfe Abgrenzung der Tat) weisen auch hier auf

den Zweifel hin, ob es sich überhaupt um eine i. S. von Welzel echte allgemeingültige Strafrechtsnorm handelt[34].

Die Anwendung der Vorschrift in den Kriegsverbrecherprozessen gegen deutsche Wehrmachtsangehörige setzt voraus, daß die deutsche Wehrmacht oder Teile von ihr als gegenrevolutionäre Organisation zu gelten haben. Davon kann ernstlich keine Rede sein, wie bereits an anderer Stelle dargelegt worden ist[35]. Im übrigen fehlte es am notwendigen subjektiven Tatbestand. Der deutsche Soldat wollte mit seinem Wehrdienst keine gegenrevolutionären Verbrechen begehen, sondern seine staatsbürgerliche und vaterländische Pflicht als Deutscher erfüllen. Kriegsverurteilungen nach 58/11 gegen deutsche Soldaten sind unhaltbare Fehlurteile.

58/12 – Nichtanzeigen gegenrevolutionärer Verbrechen – (1,2 %)

»Nichtanzeige eines in Vorbereitung befindlichen oder vollendeten gegenrevolutionären Verbrechens, von dem man auf glaubwürdige Weise Kenntnis erlangt hat, zieht nach sich –

Freiheitsentziehung nicht unter sechs Monaten.«

Die Verpflichtung zur Anzeige nötigt die Sowjetbürger zur gegenseitigen Überwachung in revolutionärer Wachsamkeit und ist ein Grund für das weit verbreitete Mißtrauen untereinander. Die Bestimmung nimmt auffälligerweise nicht auf die vorangegangenen Strafvorschriften Bezug, der Begriff des gegenrevolutionären Verbrechens kann also, falls möglich, noch weiter ausgedehnt werden als bisher. Das dürfte auch im Sinne des Gesetzgebers liegen; die Abschreckungswirkung wird auf diese Weise erhöht. Die Zahl der aufgrund dieser Vorschrift erlassenen Kriegsverbrecherurteile ist erstaunlich hoch, obwohl nur Unterlassungen während der Kriegsgefangeneschaft selbst in Frage kamen, da für den Soldaten während des Krieges Anzeigen bei einer Sowjetstelle nicht möglich waren.

Urteile, die sich auf ein Verhalten während des Krieges bezogen, sind Fehlurteile, und eigene gegenrevolutionäre Unternehmungen während der Kriegsgefangenschaft sind für den Kenner der Situation höchst unwahrscheinlich. In noch geringerem Maße besteht die Möglichkeit, daß Mitgefangene von Vorbereitungen wußten. Bei hierher gehörenden Kriegsverbrecherurteilen ist besonderes Mißtrauen am Platze.

58/13 – Gegenrevolutionäre Tätigkeit während der Zarenzeit oder im Bürgerkrieg –
(0,1%)

»Aktive Handlungen und aktiver Kampf gegen die Arbeiterklasse und die revolutionäre Bewegung, ausgeführt auf verantwortlichem Posten oder im Geheimdienst (Agentur) während des zaristischen Regimes oder bei gegenrevolutionären Regierungen während des Bürgerkriegs ziehen nach sich –

die in Art. 58/2 dieses Gesetzbuches bezeichneten Maßnahmen des sozialen Schutzes.«

Vorkriegstaten sind keine Kriegsverbrechen. Die Aburteilung von deutschen Soldaten oder anderen Deutschen in Kriegsverbrecherprozessen aufgrund dieser Vorschrift verstößt gegen das Völkerrecht[36].

58/14 – Gegenrevolutionäre Sabotage –
(4,5%)

»Gegenrevolutionäre Sabotage, d.h. bewußte Nichterfüllung bestimmter Verpflichtungen oder deren vorsätzlich unzulängliche Erfüllung in der speziellen Absicht, die Macht der Regierung und das Funktionieren des Staatsapparates zu beeinträchtigen, zieht nach sich –

Freiheitsentziehung nicht unter einem Jahr, verbunden mit völliger oder teilweiser Vermögenskonfiskation; bei Vorliegen besonders erschwerender Umstände: Erhöhung bis zur schwersten Maßnahme des sozialen Schutzes – Erschießung, verbunden mit Vermögenskonfiskation.«

Bei den Kriegsverbrecherprozessen stehen die Verurteilungen aufgrund dieser Vorschrift zahlenmäßig an 3. Stelle. Die Erklärung hierfür ist in der Formulierung »unzulängliche Erfüllung« zu suchen. Wer nennenswert unter der durchschnittlichen Arbeitsleistung blieb, machte sich nach sowjetischer Auffassung der unzulänglichen Erfüllung seiner Arbeitspflicht schuldig. Meist wurde bei diesen Kriegsverbrecherurteilen übersehen, daß Voraussetzung eine »bestimmte Verpflichtung« des Täters war. Darunter wird eine eigene ausdrückliche Verpflichtung zu verstehen sein oder eine Verpflichtung durch Gesetz oder eine andere staatliche Anordnung ähnlichen Ranges. Abgesehen von sogenannten Selbstverpflichtungen einzelner Brigaden bzw. Arbeitslager, deren Wert in diesem Zusammenhang sehr gering angesetzt werden muß, waren Verpflichtungen nicht gegeben. Der normale Kriegsgefangene war zwar zur Arbeit, nicht aber zur Erreichung bestimmter Normen verpflichtet. Urteile, die auf sogenannter »schlechter Arbeit« fußten, entbehrten der Rechtsgrundlage. Schwieriger

ist die Rechtslage in den Fällen der Arbeitsverweigerung, denn hier wurde die Verpflichtung zur Arbeit bewußt verletzt; der Kriegsgefangene leistete überhaupt keine Arbeit mehr, obwohl er hierzu gemäß Erlaß über Kriegsgefangene Ziff. 20 in Verbindung mit den entsprechenden Befehlen der Lagerleitung verpflichtet war. Gleichwohl dürften die meisten Urteile dieser Art nicht rechtens gewesen sein. Die spezielle Absicht der Gefangenen war nicht, das Funktionieren des Staatsapparates zu beeinträchtigen, sondern durch die Arbeitsverweigerung ihre berechtigten Forderungen durchzusetzen, z.B. Herabsetzung von unerfüllbaren Arbeitsnormen, Verbesserung der Verpflegung, Zulassung des Postempfangs u.ä. In Wahrheit waren derartige »Sabotage-Urteile« Zwangsmaßnahmen, um die Arbeitsdisziplin in dem betreffenden Lager zu stärken, hatten also mehr eine allgemeine Disziplinierungstendenz. Die Arbeitsverweigerungen waren Protestaktionen ohne politischen Hintergrund und stellten keine »wirtschaftliche Konterrevolution«[37] dar.
Selbstverletzungen von Kriegsgefangenen sind in unserem Zusammenhang den Arbeitsverweigerungen gleichzustellen. Neben Selbstmord und Hungerstreik waren sie der schärfste Protest gegen jahrelange Gefangenschaft und Arbeitszwang. Von der »speziellen Absicht«, durch die Tat »die Macht der Regierung und das Funktionieren des Staatsapparates zu beeinträchtigen«, kann ernstlich keine Rede sein.

59/3 – Weitere Tatbestände aus dem StGB/RSFSR –

»Banditentum, d.h. Organisation von bewaffneten Banden und Teilnahme an ihnen und den von ihnen veranstalteten Ausschreitungen – Überfällen auf sowjetische oder private Einrichtungen oder einzelne Bürger, Anhalten von Eisenbahnzügen, Zerstörung von Eisenbahnen und sonstigen Verkehrs- und Nachrichtenmitteln – zieht nach sich –

Freiheitsentziehung nicht unter drei Jahren, verbunden mit völliger oder teilweiser Vermögenskonfiskation; bei Vorliegen besonders erschwerender Umstände: Erhöhung bis zur schwersten Maßnahme des sozialen Schutzes – Erschießung, verbunden mit Vermögenskonfiskation.«

Auf der Grundlage dieser Bestimmung sind u.a. Kriegsgefangene bestraft worden, die im rückwärtigen Heeresgebiet zur Partisanenbekämpfung eingesetzt waren. Die beteiligten Wehrmachtseinheiten waren aber keine »Banden«, wie bereits dargelegt wurde[38], sondern reguläre Truppen, die sich genau so im Kriegseinsatz befanden wie die Fronttruppen. Es war bekanntlich der Stolz der sowjetischen militärischen Führung, im Hinterlande die Partisanenfront errichtet zu haben. Dementsprechend war die Gegenaktion der Deutschen nicht grundsätzlich völkerrechtswidrig, sondern nur dann, wenn dabei verbotene Mittel wie Geiseltötung, Sippenhaft, kollektive Strafen u. ä. angewendet wurden. Im Gegensatz hierzu war der Großteil der Partisanentätigkeit mit dem Völkerrecht nicht vereinbar, weil die Partisanen vielfach den Erfordernissen der LKO nicht gerecht wurden (u. a. Uniformzwang, offenes Tragen der Waffen, Beachtung der Kriegsbräuche)[39]. Auf diesem Gebiet stehen sich die westlichen und die Meinungen der Oststaaten unversöhnlich gegenüber. Die sowjetischen Erschießungsurteile gegen deutsche Soldaten während des Krieges und bald danach tragen den Stempel bitteren Hasses, der leider auf beiden Seiten gerade auf diesem Gebiet zu Tage trat. Von ihm haben sich offensichtlich auch die Richter bei den Massenprozessen beeinflussen lassen, wie aus Kriegsgefangenenaussagen zu entnehmen ist. Urteile nach Art. 59/3, die nicht auf nachgewiesenen persönlichen Untaten beruhen, sondern auf bloßem Einsatz im Partisanenkampf oder gar auf bloßer Zugehörigkeit zu einer entsprechenden Einheit, sind von der Strafvorschrift nicht gedeckt, sie sind zu unrecht ergangen.

59/7 – Propaganda oder Agitation für nationale oder religiöse Gruppen –

»Propaganda oder Agitation, die auf die Erregung nationaler oder religiöser Feindschaft oder Uneinigkeit gerichtet sind, sowie die Verbreitung, Herstellung oder Aufbewahrung von Schriften gleichen Inhalts ziehen nach sich –

Freiheitsentziehung bis zu zwei Jahren.

Werden die gleichen Handlungen während des Krieges oder bei Massenunruhen begangen, so ziehen sie nach sich –

Freiheitsentziehung nicht unter zwei Jahren, verbunden mit völliger oder teilweiser Vermögenskonfiskation; bei Vorliegen besonders erschwerender Umstände: Erhöhung bis zur schwersten Maßnahme des sozialen Schutzes – Erschießung, verbunden mit Vermögenskonfiskation.«

In dem Vielvölkerstaat UdSSR mit seinen rd. 100 Völkern und Volksgruppen muß ständig mit nationalen und religiösen Eigenbestrebungen gerechnet werden. Die Vorschrift will der daraus etwa entstehenden Uneinigkeit und Feindschaft innerhalb der Sowjetunion entgegenwirken. Sie ist trotz ihrer deutlich erkennbaren Tendenz gegen Kriegsgefangene angewandt worden, die mit der Bevölkerung gar keinen Kontakt hatten. Anlaß waren Lagerseelsorge und Bibelstunden im evangelischen Bruderkreis, die nur der inneren Erbauung und Tröstung der Gefangenen dienten. Die Urteile sind mit der in Art. 124 der sowjetischen Verfassung allen Bürgern zuerkannten Freiheit der Ausübung religiöser Kulthandlungen nicht vereinbar. Sie verstoßen vor allem gegen Art. 18 LKO, der den Kriegsgefangenen in der Ausübung ihrer Religion volle Freiheit garantiert, unter der einzigen Bedingung, daß sie sich den Ordnungs- und Polizeivorschriften fügen[40].

Aus dem Kapitel des Strafgesetzbuches der RSFSR »*Militärische Verbrechen*« haben die MWD-Tribunale ebenfalls eine Reihe von Strafbestimmungen auf die Kriegsgefangenen angewandt. Statistische Ermittlungen über die Häufigkeit liegen nicht vor, sie gehören in die große Gruppe von 21,1 % der Verurteilungen ohne Angabe der Strafvorschrift[41]. Wir geben im folgenden die Strafbestimmungen[42] aus Raumgründen nur inhaltlich wieder.

Art. 193/7 – Mißbrauch und Überschreiten der Amtsgewalt, Pflichtvergessenheit –

Nach dieser Strafbestimmung wurden angebliche Mißhandlungen von sowjetischen Gefangenen und Verwundeten als Militärverbrechen geahndet, ebenso die schlechte Behandlung von Zivilisten durch Ortskommandaturen. Dabei muß auf die ausdrückliche Erlaubnis in Art. 52 LKO hingewiesen werden, von Einwohnern Dienstleistungen für die Bedürfnisse des Besetzungsheeres zu fordern. Voraussetzung ist die Ermächtigung durch »den Befehlshaber der besetzten Örtlichkeit«, normalerweise also den Ortskommandanten.

Art. 193/24 – Weitergabe, Sammeln oder Entwenden von Nachrichten über die Streitkräfte und die Wehrfähigkeit der Sowjetunion für ausländische Regierungen und gegenrevolutionäre Organisationen –

Bei den Spionage-Urteilen ist auch diese Vorschrift neben Art. 58/6 verwendet worden. Auf die früheren Bemerkungen wird verwiesen und die Bestimmung des Art. 24 LKO (Erlaubnis zur Nachrichtenbeschaffung über den Gegner) in Erinnerung gebracht.

Art. 193/28 – Raub, Plünderung, Gewalttätigkeit während des Krieges unter dem Vorwande militärischer Notwendigkeit –

Die Vorschrift wurde in größerem Umfange benutzt. Auf ihrer Grundlage wurden besonders Entnahmen aus dem Lande sowohl durch rückwärtige Dienste als auch durch Kampfverbände bestraft. Inwieweit bei Frühprozessen die bezeichneten Verbrechenstatbestände wirklich vorlagen, bleibe dahingestellt. In den Spätprozessen wurden die Bestimmungen der LKO über das Recht der Besetzenden auf Naturalleistungen und das Beschlagnahmerecht (Art. 52, 53) nicht beachtet oder ihre Verwendbarkeit mit dem Hinweis auf den verbotenen Angriffskrieg, der keine erlaubten Kriegshandlungen für den Aggressor kenne, geleugnet. Zur Verurteilung genügte schon das »Geständnis«, gelegentlich Brennholz genommen, Milch getrunken oder Butter gegessen zu haben[43].

Der »Ukas vom 19.04.1943«

Eine vielfach angewandte sowjetische Strafvorschrift von erheblicher Bedeutung! Ihre amtliche Bezeichnung wird mit »Dekret über Kriegsverbrechen vom 19.04.1943« angegeben. Der Text ist, soweit ersichtlich, noch immer nicht genau bekannt, wohl aber sein Inhalt, der aus Heimkehreraussagen und der sowjetischen juristischen Literatur ermittelt worden ist[44]. Entstanden ist das Dekret einige Wochen nach dem sowjetischen Sieg in der Schlacht um Stalingrad. Der Sieg bedeutete die Wende des Rußlandkrieges und brachte für die Stalinsche Sowjetregierung die Wahrscheinlichkeit einer baldigen Rückeroberung der verloren gegangenen Landesteile und damit die Möglichkeit, Soldaten der faschistischen Wehrmacht und abtrünnige Sowjetbürger in die Hand zu bekommen und mit ihnen abzurechnen. Dementsprechend bedroht der »Ukas 43« in Art. 1 Gewalttaten von faschistischen Übeltätern (Morde und Mißhandlungen an der Zivilbevölkerung und an gefangenen Rotarmisten) und in Art. 2 und 3 Spionage und Vaterlandsverrat durch sowjetische Bürger. Als Strafe war für beide Tätergruppen der Tod durch Erhängen vorgesehen – offenbar waren Rache, Haß und Abschreckung die Hauptmotive des Dekrets. Den Schwerpunkt seiner Anwendung können wir nicht mit Sicherheit erkennen, wahrscheinlich sind aber weit mehr Zivilisten nach dem Ukas bestraft worden als Kriegsgefangene[45]. Wenn wir annehmen, daß 3,7% der sowjetischen Kriegsverbrecherurteile mit dem Ukas 43 begründet worden sind[46], wären nach unserem bereits angewandten Schlüssel etwa 1300 Kriegsgefangene aufgrund dieser Vorschrift verurteilt worden[47]. Vergleichsweise sei an die 15000 Spione gemäß Art. 58/6 StGB erinnert, um die Wahrscheinlichkeit der Zahl beurteilen zu können. Hinrichtungen durch den Strang[48] gab es nach dem 26.05.1947 nicht mehr, ein Dekret des Obersten Sowjet hatte allgemein die Todesstrafe abgeschafft[49].

Ausdrücklich muß in dem Ukas 43 als Urteilsvoraussetzung bestimmt gewesen sein, daß die »Übeltäter« oder »Schurken« der Begehung der Straftaten »überführt sind«. Diese Fassung findet sich bei beiden von Bährens wiedergegebenen sowjetischen Quellen[50]. Danach ist der Ukas 43 ursprünglich auf Individualverfahren gegen einzelne Täter angelegt, ihnen mußte ein bestimmtes, persönlich ausgeführtes oder mitausgeführtes Verbrechen nachgewiesen werden[51]. Von diesem vorgeschriebenen Bezug auf eine bestimmte Tat und einen oder mehrere bestimmte Täter sind die MWD-Gerichte bei den Massenprozessen abgegangen. Ihnen genügte für die Bestrafung nach dem Ukas die bloße Zugehörigkeit zu einer Einheit oder Dienststelle, in deren Bereich Mord oder Mißhandlung überhaupt vorgekommen waren. An die Stelle der nachgewiesenen Tat wurde das vermutete »Dabei-gewesen-Sein« gesetzt[52]. Dieses Verfahren war durch den Ukas nicht gedeckt, denn er verlangte, daß »die Übeltäter ... der Begehung von Morden und Mißhandlungen ... überführt sind«. Die weite Verbreitung der geschilderten Gerichtspraxis läßt vermuten, daß den Organen der MWD-Justiz entsprechende zentrale Weisungen vorgelegen haben. Wahrscheinlich hatte sich die zentrale Stelle auf die Moskauer Erklärung über Grausamkeiten vom 01.11.1943 gestützt. Nach ihr sollten »Offiziere, Soldaten und Mitglieder der Nazipartei« abgeurteilt werden, »die für die obigen Grausamkeiten, Massaker und Exekutionen verantwortlich gewesen sind oder an ihnen zustimmend teilgenommen haben«[53]. Die Urteilsformeln zahlreicher uns vorliegender Urteile sprechen für die Richtigkeit unserer Annahme. Damit war der Schritt vom individuellen Schuldstrafrecht zur Kollektiv- und Verdachtsstrafe getan. Wie diese Urteile zu qualifizieren sind, macht ein Vergleich mit der Praxis des Nürnberger Gerichtshofs deutlich. Dort wurde in jedem Falle der Nachweis subjektiver Schuld als unabdingbare Voraussetzung der Verurteilung verlangt. Das galt auch bei den sogenannten Organisationsverbrechen. Wir kommen später auf die Frage nochmals zurück.

Bei den Verurteilungen nach Ukas 43 liegen mit Sicherheit zahlreiche Willkür-Urteile vor, die auch nach sowjetischem Recht nicht haltbar sind. Es sei hier nochmals wiederholt: Wir wissen, daß nicht alle Kriegsmaßnahmen »der Deutschen« durch militärische Notwendigkeiten gerechtfertigt waren. Einen langen Krieg ohne Übergriffe gibt es einfach nicht. Aber gerichtliche Verurteilungen auf Verdacht ohne echten Teilnahme-

und Schuldnachweis sind gleichwohl nicht hinzunehmen. Rechtlich betrachtet bleiben sie Willkür. In der Linie der Willkür liegt auch die Ausdehnung des Begriffs der Greueltaten auf Tatbestände, »die nicht den geringsten kriminellen Gehalt hatten und mit den im ›Ukas 1943‹ gebrandmarkten Kapitalverbrechen keine Ähnlichkeit aufweisen«[54].
Unklar bleibt auch, wie die MWD-Gerichte die Verdachtsstrafen (»Dabei-Gewesen«) mit den Grundsätzen in Übereinstimmung bringen konnten, die vom Obersten Gerichtshof der UdSSR festgelegt worden waren. Der Plenarbeschluß dieses Gerichtshofs vom 12.07.1946 bestimmt ausdrücklich, daß Kriminalstrafen im gerichtlichen Verfahren nur verhängt werden dürfen, »wenn der Angeklagte durch das Urteil der Begehung eines bestimmten Verbrechens für schuldig befunden wird«[55]. Der Bezeichnung der bestimmten Handlung sind die einschlägigen Urteile immer ausgewichen.

Kontrollratsgesetz Nr. 10 vom 20.12.1945

Neben dem eigenen Strafrecht standen der sowjetischen Militärjustiz Strafbestimmungen zur Verfügung, die von den Alliierten neu geschaffen worden waren. Auf der Grundlage der Moskauer Deklaration vom 30. 10. 1943[56], der Richtlinien des Potsdamer Abkommens vom 02.08.1945 und des Londoner Viermächteabkommens vom 08.08.1945 war das Kontrollratsgesetz Nr. 10 entstanden, das eine Reihe von teils neu formulierten, teils neu geschaffenen Straftatbeständen enthielt. Über Entstehung, Inhalt und Anwendung der Kriegsverbrecher-Gesetze einschließlich des KRG steht eine umfangreiche Literatur zur Verfügung, die u. a. zahlreiche kritische Stimmen enthält. Wir verweisen insoweit auf die Ausführungen von Berber über die »Strafverfahren gegen die Besiegten am Ende der beiden Weltkriege«[57]. Die Zahl der Verurteilungen nach dem KRG 10, die uns beschäftigen, ist verhältnismäßig niedrig. Bährens hat für die einschlägigen Verurteilungen 7,1 % aller sowjetischen Kriegsverurteilungen ermittelt[58]. Nach unserem Schlüssel wären dies etwa 2000 Fälle. Nicht alle aber sind der Stalinschen Großaktion zuzurechnen, da über die Hälfte von ihnen in der Sowjetischen Besatzungszone gefällt worden sind[59] und wahrscheinlich in die Nachkriegsjahre vor der großen Verurteilungswelle fallen. Leider liegen keine Nachweise über die Zahl der nach 1948 ergangenen Urteile vor. Wir müssen von einer Verurteilungsziffer ausgehen, die nennenswert unter 1000 liegt.

Als Straftatbestände enthält das KRG Nr. 10:

a) Verbrechen gegen den Frieden (Vorbereiten und Durchführen eines Angriffskrieges, Verschwörung u. a.)
b) Kriegsverbrechen (Verletzungen der Kriegsgesetze oder Kriegsgebräuche u. a. durch Mord, Mißhandlungen, Deportation von Zivilpersonen oder Kriegsgefangenen, Plünderung)
c) Verbrechen gegen die Menschlichkeit (u. a. durch Mord, Ausrottung, Versklavung, Deportation, begangen an irgendeiner Zivilbevölkerung vor oder während des Krieges)
d) Zugehörigkeit zu den Organisationen, deren verbrecherischer Charakter vom Internationalen Militärgerichtshof festgestellt worden ist[60].

Sowjetische Militärtribunale haben Urteile auf die Tatbestände unter b) und c) gestützt. Nicht immer war die Anwendung des KRG 10 zulässig. Das Gesetz ist vom Kontrollrat als dem für das besetzte Deutschland zuständigen Organ erlassen worden, es war Besatzungsrecht[61] und galt innerhalb des Deutschen Reiches in den Grenzen von 1937. Daher waren für die Aburteilung von deutschen Kriegsgefangenen nach KRG 10 nur die sowjetischen Militärgerichte zuständig, die ihren Sitz in der damaligen sowjetisch besetzten Zone hatten. Dagegen waren Urteile von innersowjetischen Kriegsgerichten auf der Grundlage des KRG 10 fehlerhaft, sie hätten auf andere Rechtsquellen gestützt werden müssen. Zweifel bestehen auch insoweit, als die Gerichte das Recht aus dem KRG herleiteten, die Verurteilten zum Strafvollzug in die Sowjetunion zu überführen. Ebenso wie die Verurteilung hätte auch die Vollstreckung innerhalb der territorialen Zuständigkeit des Kontrollrates, d. h. innerhalb Deutschlands erfolgen müssen. Ob den Verurteilten damit wesentlich gedient gewesen wäre, ist allerdings eine offene Frage.

Wie bereits ausgeführt, standen die Kriegsgefangenen unter Völkerrecht. Daher mußte bei Anwendung des Kontrollratsgesetzes die Haager Landkriegsordnung beachtet werden.

Auch hier durften Kriegshandlungen, die nach Kriegsrecht erlaubt waren, nicht als verbrecherisch angesehen und behandelt werden. Die Frage des Schadenersatzes wird davon nicht berührt, sie steht selbständig neben der Duldung und Nichtverfolgbarkeit von Kriegshandlungen.

Die MWD-Militärtribunale haben den Tatbestand der Zugehörigkeit zu kriminellen Organisationen (unter c) kaum benutzt. Der Grund liegt nahe: Das Nürnberger Tribunal hatte den Kreis der kriminellen Organisationen entgegen der Auffassung der sowjetischen Seite eng gezogen und die Verurteilung überdies von der subjektiven Schuld des Täters abhängig gemacht. Die MWD-Tribunale fanden dagegen im innersowjetischen Recht leichter zu handhabende und weitergehende Vorschriften, die überdies kollektive Verurteilungen zu rechtfertigen schienen (z.B. Zugehörigkeit als Beihilfe gem. Art. 17 StGB, Banditismus gem. Art. 59/3 StGB). Sie sahen daher keinen Anlaß, das 1945 geschaffene Strafrecht voll zu übernehmen, zumal ihnen in der Moskauer Vereinbarung die Berechtigung zur Anwendung ihres nationalen Rechts bescheinigt worden war.

---

1 Bd. V,1 (Bährens) S. 149
2 Vgl. S. 48
3 Vgl. zu den Rechtsgrundlagen Maurach, a.a.O. S. 27 ff. und den Überblick in Bd. V,1 (Bährens) S. 149 ff.
4 Bd. V,1 (Bährens) S. 150 Tafel 32
5 H. Welzel, Das deutsche Strafrecht, Bln. 1969, S. 480
6 Welzel a.a.O.
7 Vgl. S. 74
8 Art. 58/6 (Spionage) ist hier auszunehmen, er ist auch auf Ausländer angelegt und auf sie anwendbar.
9 S. auch Borowitschi S. 220 zu Art. 58/4. Dort werden ähnliche Bedenken gegen die Anwendung dieser Vorschrift (Unterstützung der internationalen Bourgeoisie) auf die deutschen Soldaten erhoben. Es wird darauf verwiesen, daß die Vorschrift die Untreue gegen das kommunistische Sowjetreich bestrafen will, sich dementsprechend nur gegen diejenigen richten kann, die ihm Treue schulden, d.h. gegen sowjetische Staatsbürger.
10 Vgl. Welzel a.a.O.
11 Wortlaut nach Wilhelm Gallas, Berlin 1953, Strafgesetzbuch der RSFSR vom 22.11.1926.
12 Bd. V,1 (Bährens) S. 151 Tafel 33
13 Maurach a.a.O. S. 59 Anm. 74
14 Maurach a.a.O. S. 44
15 Vgl. S. 50
16 Vgl. auch Borowitschi S. 220 f.
17 Vgl. hierzu Solschenizyn a.a.O. S. 72. Er spricht dort von Spionomanie.
18 Borowitschi S. 219
19 Maurach a.a.O. S. 61
20 Vgl. Liste der im Gefängnis Wladimir Inhaftierten, Borowitschi S. 315–341.
21 Vgl. vorn S. 57
22 Vgl. Berber a.a.O. S. 147
23 Maurach a.a.O. S. 61
24 S. Mikrozensus in Bd. V,1 (Bährens) S. 150/151
25 Vgl. vorn S. 48
26 Ebenfalls grotesk nennt Maurach a.a.O. S. 74 die Bestrafung von Angehörigen der Heeresgruppe Schörner. Sie waren im Mai 1945 mit der gesamten Heeresgruppe in amerikanische Gefangenschaft geraten und dann auf sowjetischen Druck an die SU ausgeliefert worden. 1949/50 wurde eine Anzahl von ihnen als »amerikanische Agenten« wegen Spionage zugunsten des amerikanischen Monopolkapitalismus verurteilt.

[27] Solschenizyn a.a.O. S. 72/73
[28] Vgl. Maurach a.a.O. S. 62
[29] Vgl. Maurach a.a.O. S. 63
[30] Vgl. Solschenizyn a.a.O. S. 74
[31] Schätzung gem. S. 48 und Bd. V, 1 (Bährens) S. 150/51
[32] Im Ergebnis ebenso Maurach, Sowjetverfassung S. 360 zu Art. 125 der Verfassung vom 05.12.1936.
[33] Maurach a.a.O. S.
[34] Vgl. Vorn S. 71
[35] Vgl. Vorn S. 73
[36] Vgl. S. 63
[37] Nach Solschenizyn a.a.O. S. 75 Kurzbezeichnung für dieses Verbrechen
[38] Vgl. S. 76/77
[39] Vgl. Berber a.a.O. S. 144
[40] Vgl. auch Art. 58/10 StGB
[41] Vgl. Bd. V,1 (Bährens) S. 150 Tafel 32
[42] Zu finden bei Gallas a.a.O. S. 59 ff.
[43] Maurach a.a.O. S. 68
[44] Bährens Bd. V,1 S. 156
[45] Solschenizyn spricht von einem nach der Wende des Kriegsgeschehens einsetzenden »Millionenstrom aus den ehemals besetzten Gebieten und aus Europa« in den Archipel Gulag, nennt allerdings Art. 58/1a und 1b als meist angewandte Urteilsgrundlage. A.a.O. S. 88.
[46] Vgl. Mikrozensus Bd. V,1 S. 150 Tafel 32. In Spalte (4) dürfte sowjetisches Kriegsrecht gemeint sein.
[47] Berechnung S. 48
[48] Jescheck bei Bährens, Bd. V,1 S. 158
[49] Dekret über die Abschaffung der Todesstrafe bei Gallas a.a.O. S. 71
[50] Bährens a.a.O. S. 156
[51] Beispiele ebenda S. 167 ff., 174 ff.
[52] Beispiele in Anl. 3
[53] S. vorn S. 24
[54] Borowitschi S. 216
[55] Der Beschluß ist abgedruckt bei Gallas a.a.O. S. 83
[56] Vgl. vorn S. 24/25
[57] Berber a.a.O. S. 250 ff.
[58] Bd. V,1 S. 150 Tafel 32
[59] Bd. V,1 S. 148 Tafel 31 Teil B
[60] Wegen weiterer Einzelheiten (z. B. reichen die Strafandrohungen nach Ermessen des Gerichts von der Todesstrafe über Freiheits- und Geldstrafen, Rückgabe unrechtmäßig erworbenen Vermögens bis zum Verlust der bürgerlichen Ehrenrechte) und Verfahrensfragen vgl. Bährens in Bd. V,1 S. 160.
[61] Jescheck, zitiert in Bd. V,1 S. 161

Der subjektive Tatbestand in den Urteilen

Zum strafrechtlichen Schuldbegriff nach 1945

Wir nähern uns der schwächsten Seite der Verurteilungen. Es ist unbestreitbar, daß die Sowjetunion auf mancherlei Gebieten ihre eigenen politischen und rechtlichen Anschauungen hat durchsetzen können, der Einbruch in die Grundbegriffe des Strafrechts ist ihr im Endergebnis aber nicht gelungen. Nach heute wieder allgemein anerkannter Rechtsüberzeugung ist und bleibt ein persönliches Verschulden des Täters Voraussetzung für jede Verfolgung einer Straftat. Nur wer persönlich in Kenntnis der Strafbarkeit und der sie begründenden Umstände zu dem Verbrechen beigetragen hat, darf zur Rechenschaft gezogen werden. Das gilt für die Einzeltat ebenso wie für die Gemeinschaftstat und das sogenannte Kollektivverbrechen. Dieser Grundsatz schien nach dem Ende des Zweiten Weltkrieges ins Wanken zu geraten.

Der sowjetische Vertreter in den Nürnberger Prozessen bekämpfte den herkömmlichen Verschuldensbegriff als ungenügend und überholt. In die gleiche Richtung schien das Londoner Statut zu weisen.

Dort war unter dem Eindruck der wichtigen Rolle, die einige NS-Organisationen als Rückgrat der Hitler-Herrschaft gespielt hatten, die Strafbarkeit der Organisationszugehörigkeit und damit anscheinend ein Straftatbestand ohne eigentliche Handlung und ohne Verschulden eingeführt worden. In Wahrheit wurde am Verschuldensprinzip festgehalten, denn bei den Organisationsverbrechen mußte der Täter gewußt haben, daß die Organisation verbrecherisch war[1], etwa weil ihre Mitglieder Straftaten beabsichtigten oder bereits ausgeführt hatten, und der Täter mußte trotz dieser Kenntnis mitgemacht haben. Der Nürnberger Militärgerichtshof hielt sich an diese Rechtsgrundlage, seine Urteile bauten auf ihr auf. Ihm darf bescheinigt werden, daß er den Schritt vom überkommenen Schuldstrafrecht zu einem Verdachtsstrafrecht nicht getan hat[2]. Seine Haltung

hat im Gegenteil zur Festigung und zum Bewahren der alten Auffassung beigetragen. Das war von besonderer Bedeutung. Denn nicht nur in der sowjetischen Besatzungszone und der Sowjetunion selbst, auch in Frankreich waren Kriegsverbrecher-Urteile gegen gefangene deutsche Soldaten gefällt worden, die sich für den Schuldnachweis mit dem »Dabeigewesen-sein«, weil zur Einheit gehörig, begnügt hatten.
Die Nachkriegszeit ging zu Ende, ohne daß sich die sowjetische Anschauung durchgesetzt hatte. Zur Zeit der summarischen Kriegsverbrecherprozesse von 1949/50 konnte kein Zweifel mehr bestehen, daß die Mehrheit der Nationen an der persönlichen Schuld, der persönlichen Zurechenbarkeit als Grundvoraussetzung für die Strafbarkeit festhielt und Verdachtsstrafen grundsätzlich ablehnte. Das geht aus Art. 87, Abs. 3 des Kriegsgefangenenabkommens vom 12.08.1949 klar hervor[3]. Dort werden »sämtliche Kollektivstrafen für Handlungen einzelner ... untersagt«. Eine deutlichere Stellungnahme zur Schuldfrage ist kaum zu erwarten gewesen. Für uns sehr bemerkenswert: Auch der Bevollmächtigte der Stalinschen Sowjetregierung hatte seine Unterschrift unter das Abkommen gesetzt, und die spätere Ratifikation durch die Sowjetunion ist ohne einen Vorbehalt zu dieser Bestimmung erfolgt.

Das Kriegsgefangenenabkommen von 1949 und die Sowjetjustiz

Wir müssen auf dieses Abkommen genauer eingehen, weil das Verhalten der Stalinschen Sowjetregierung in der Zeit zwischen seiner Paraphierung und seiner Ratifikation aufschlußreich für unsere Untersuchung ist. Dem Abkommen sind mehrmonatige Verhandlungen unter der Beteiligung von 60 Nationen vorangegangen. Es trägt das Vertragsdatum vom 17.08.1949, die Unterzeichnungsfrist für die beteiligten Mächte lief bis zum 12.02.1950, danach sollte die Ratifikation sobald wie möglich erfolgen; sechs Monate nach Hinterlegung der Ratifikationsurkunde trat das Abkommen für den Beigetretenen in Kraft (Art. 138).
Nach den bitteren Erfahrungen des Zweiten Weltkrieges sollte das Abkommen eine humane und gerechte Regelung für die Behandlung der Kriegsgefangenen bringen. Mit Genugtuung darf festgestellt werden, daß dieses Ziel erreicht worden ist. Dem Abkommen lag erkennbar als ein Hauptleitsatz die Gleichstellung aller Staaten, aller Kriege und aller Kriegsgefangenen zugrunde. Es macht keinerlei Unterschied zwischen künftigen Kriegen, etwa nach Kriegsgrund, Ausdehnung oder anderen

Merkmalen. Art. 2 bezeichnet alle Fälle eines bewaffneten Konflikts als Wirkungsfeld des Abkommens. In ihm wird – und das muß hervorgehoben werden – kein Wort über die eventuelle Kriegsschuld und ihre Folgen gesagt, ebensowenig wird zwischen gerechten und ungerechten Kriegen oder Angriffs- und Verteidigungskriegen unterschieden. Jeder bewaffnete Konflikt ist in der Kriegsgefangenenfrage gleich zu behandeln. Dasselbe gilt für die Kriegsgefangenen selbst, sie alle sind gleichgestellt, und – sehr bedeutsam! – jede Benachteiligung wegen ihrer politischen Meinung oder irgendeinem anderen ähnlichen Unterscheidungsmerkmal ist untersagt (Art. 16).

Bei etwaigen Strafverfolgungen ist die Rechtsstellung des Kriegsgefangenen wesentlich verbessert worden. Unter anderem darf der Kriegsgefangene nicht aufgrund von nachträglich geschaffenen Bestimmungen bestraft werden – nulla poene sine lege – (Art. 99 Abs. 1), gegen ihn darf keinerlei Gewalt angewendet (Art. 99 Abs. 2), und er darf nicht verurteilt werden, ohne die Möglichkeit zu seiner Verteidigung und den Beistand eines geeigneten Verteidigers gehabt zu haben (Art. 99 Abs. 3). Prozeßgegenstand und Rechtsgrundlagen müssen mindestens drei Wochen vor Verhandlungsbeginn der Schutzmacht und dem Lagervertrauensmann mitgeteilt werden (Art. 104). Das Abkommen verpflichtet alle Vertragsparteien zur Verbreitung seiner Bestimmungen im eigenen Land (Art. 127) und verlangt sogar gesetzgeberische Maßnahmen zur Ahndung schwerer Verstöße (Art. 129).

Bei der Schaffung dieser Vorschriften waren die Beteiligten offensichtlich von der Erkenntnis getragen, daß jeder Krieg als ein schicksalhaftes Geschehen zu begreifen ist, in das der teilnehmende einzelne Mensch durch übergeordnete Mächte hineingezogen wird. Sein eigener Wille wird durch fremde Gewalt unwirksam gemacht, er ist Objekt, nicht mehr eigenverantwortliches Subjekt. Nicht anders ist die Situation des Kriegsgefangenen[4]. Die ihn bedrohenden Gefangenschaftsgefahren müssen daher eingegrenzt werden, gleichgültig, welcher Staat für den Kriegsausbruch verantwortlich ist, gleichgültig auch, zu welcher Kriegspartei der Gefangene gehört. Damit wird erkennbar gemacht, daß das Soldatsein, das Soldaten-»Handwerk« als solches, weder auf der einen noch auf der anderen Seite vorwerfbar ist, sondern grundsätzlich als wertfrei zu gelten hat. Gleichzeitig hat sich die Mehrheit der Nationen, ja eigentlich die ganze zivilisierte Welt, auf dem Gebiet der strafrechtlichen Kriegsfolgen zu den überkommenen Anschauungen bekannt und den Neuerern, wie beson-

ders aus dem Verbot der Kollektivstrafe hervorgeht, eine Absage erteilt. Strafbare Verstrickung und strafrechtliche Schuld haben auch für den Soldaten nur innerhalb der überkommenen Rechtsgrundsätze ihren Platz. Hier ist, wie wir glauben, auf dem Teilgebiet der Kriegsgefangenschaft ein Durchbruch zur Menschlichkeit gelungen, der getragen wurde von dem realen Verständnis für das Wesen des Krieges und die Rolle des einzelnen in ihm. Ist es verwunderlich, daß Stalin diese von Menschenliebe getragene Regelung nicht auf seine deutschen Kriegsgefangenen anwenden wollte?! In der Tat wären bei Einhalten der Abkommensbestimmungen Prozesse, wie er sie sich vorstellte, nicht möglich gewesen. Weder hätten die harten Methoden des MWD-Apparates angewandt, noch die deutschen Soldaten wegen Zugehörigkeit zur Wehrmacht verurteilt, noch Kollektivurteile gefällt werden dürfen. Stalin wollte aber die noch in seiner Hand befindlichen Kriegsgefangenen als »Kriegsverbrecher« nach seinen ursprünglichen Vorstellungen abgeurteilt sehen. Eine Schwierigkeit bestand für ihn. Er mußte Rücksicht auf das Image der Sowjetunion in der Weltöffentlichkeit nehmen. Dazu gehörte die Wahrung des Anscheines, daß die Sowjetunion eine humane Entwicklung der Kriegsgefangenenbehandlung wünschte und sie förderte. An dem Kriegsgefangenenabkommen mußte festgehalten werden. In diesem Zwiespalt schlug er den Weg des »Sowohl als auch« ein. Er ließ das Abkommen unterzeichnen und das Ratifizierungsverfahren ruhig anlaufen, nutzte aber die Zeit zwischen Paraphierung und Ratifikation zur Abwicklung seiner Kriegsverbrecherprozesse aus. Und so rollte die Verurteilungswelle, wie wir sie geschildert haben, trotz des fertigen und bereits paraphierten Abkommens über die Kriegsgefangenen hinweg in summarischen Verfahren, ohne Beachtung der soeben festgestellten Grundsätze der Humanität und der Gerechtigkeit für alle, ohne Benachrichtigung irgendwelcher fremder Mächte oder Organisationen und mit den soeben verbotenen Kollektivurteilen. Und niemand konnte, selbst wenn er davon erfuhr, der Sowjetunion eine Verletzung des Kriegsgefangenenabkommens vorwerfen, denn juristisch war es zur Zeit der Prozesse noch nicht in Kraft.
Ein doppelzüngiges Spiel Stalins?
Aus unserer Sicht, 30 Jahre nach dem Geschehen, mindestens ein unehrliches Verhalten, denn auf der einen Seite tat er so, als hielte er die Grundsätze des Abkommens für einen förderungswürdigen Fortschritt, auf der anderen Seite trat er den Geist des Abkommens mit Füßen. Ihn kümmerte es nicht, daß das neue Abkommen mit Zustimmung der Sowjetunion, die

er selbst repräsentierte, und sogar ihrer Mitarbeit zustande gekommen war und bereits die Unterzeichnung des sowjetischen Beauftragten trug. In seiner Sicht war sein Verhalten konsequent; er hielt an der angeblichen Notwendigkeit einer breiten Bestrafung deutscher Soldaten und an seiner Absicht fest, ein Faustpfand für seine Deutschlandpolitik zu schaffen, und ließ sich davon auch nicht durch die veränderte Weltmeinung abbringen. Wir erinnern an seine Forderung auf der Teheran-Konferenz, den deutschen Militarismus und seine Träger durch Erschießen von 50000 Wehrmachtsangehörigen zu vernichten. In der Teheraner Forderung dürfte eine der ältesten Wurzeln für die Spätprozesse, für das unehrliche Spiel mit dem Kriegsgefangenenabkommen und für die forcierte Prozeßabwicklung zu finden sein.
Mit dem Geist und den Rechtsanschauungen des III. Genfer Abkommens vom 12.08.1949 waren die Spätprozesse nicht zu vereinen.

Strafrechtliche Schuld trotz bindenden Befehls und militärischer Notwendigkeit?

Die strafrechtliche Schuld setzt voraus, daß dem Täter kein Rechtfertigungsgrund für sein Handeln zur Seite steht. Solche Gründe sind u. a. das Vorliegen eines bindenden Befehls und die militärische Notwendigkeit zum Handeln. Liegen sie vor, ist die Tat nicht vorwerfbar, der Täter strafrechtlich nicht schuldig.
Die zahlreichen hier auftretenden Probleme sind im Zusammenhang mit Kriegsverbrechen von hervorragenden Sachkennern behandelt worden, wir können uns auf die Darstellung ihrer Ergebnisse beschränken[5].
Alle Armeen der Welt sind auf Disziplin, Gehorsam und Befolgen von Befehlen aufgebaut. Ohne das feste Fundament der Befehlsgewalt können sie nicht erfolgreich kämpfen. Jeder Befehl hat die Vermutung der Rechtmäßigkeit für sich; handelt der Soldat dem Befehl entsprechend, ist er gedeckt. Die Gehorsamspflicht ist nicht unbegrenzt, der Soldat darf verbrecherische Befehle nicht ausführen. Ob ein solcher Befehl vorliegt, ist aus vielen, hier nicht zu erörternden Gründen für den Soldaten schwer erkennbar. Eine Schuld trifft ihn daher nur, wenn er erkennt oder wenn es nach den ihm bekannten Umständen offensichtlich ist, daß dadurch ein Verbrechen oder Vergehen begangen wird[6].
Während des Zweiten Weltkrieges galt dieser kurz umrissene Rechtszustand allgemein. Nach Kriegsende wurde er durch das Londoner Statut

verändert, das damit die Durchführung der gegen Deutsche beabsichtigten Kriegsverbrecherprozesse erleichtern wollte. In Art. 8 wurde der höhere Befehl nicht mehr als Strafausschließungsgrund anerkannt, das Gericht konnte ihn allenfalls nach seinem Belieben als Strafmilderungsgrund berücksichtigen.

Berber bezeichnet Art. 8 als nicht dem geltenden Recht entsprechend[7]. Gleichwohl wurde die Bestimmung in das Kontrollratsgesetz Nr. 10 übernommen (Art. II 4b), die Besatzungsgerichte haben dann entsprechende Urteile gefällt und sich auch hier über das Verbot der Rückwirkung von Strafgesetzen hinweggesetzt. Die Neuregelung, die »einen schweren Rückschlag gegenüber dem geltenden Recht«[8] darstellt, ist bloßes Besatzungsrecht geblieben und »hat zweifellos nicht die Billigung der Völkerrechtsgemeinschaft erlangt«[9].

In der Sowjetunion stellt sich das Bild nicht anders dar. Die MWD-Tribunale haben auch in ihren summarischen Verfahren den Befehlseinwand der Angeklagten völlig übergangen. Man darf annehmen, daß alle Angeklagten den Einwand vorgebracht haben, und man darf ihnen – abgesehen von Fällen nachgewiesener Grausamkeiten und ähnlicher Ausschreitungen – glauben, daß ihr Handeln auf bindenden Befehlen beruhte, denn grundsätzlich wurde jeder soldatische Einsatz durch Befehle eingeleitet und gesteuert. Die Befehlsgebung ging durch alle Strukturstufen der Wehrmacht hindurch und reichte bis zur vordersten Kampfeinheit. Einem von höherer Stelle erteilten Befehl setzten die nachgeordneten Dienststellen jeweils die für den eigenen Bereich erforderlichen Ergänzungen hinzu, so daß z. B. ein für einen breiten Frontabschnitt erlassener operativer Befehl die verschiedenen Einheiten der kämpfenden Truppe in der für ihren Einsatz notwendigen Präzision erreichte. Diese Zusammenhänge waren allgemein bekannt, und jedem Soldaten war klar, daß die sorgfältige und schnelle Befolgung der Befehle Voraussetzung für den angestrebten Erfolg war. Das setzte strengste Disziplin bei allen Beteiligten voraus. Wer mit den Verhältnissen in der damaligen deutschen Wehrmacht vertraut ist, weiß, daß diese Disziplin allgemein als selbstverständliche soldatische Pflicht anerkannt war und streng eingehalten wurde. Dementsprechend hatte der Befehl eine Kraft und eine Ausstrahlung, von der sich heutzutage der Nichtsoldat kaum eine rechte Vorstellung machen kann. Jeder Soldat wußte, daß eine Befehlsverweigerung mit dem Tode bestraft werden konnte, womit nicht etwa gesagt sein soll, daß sein Gehorsam auf Angst beruhte. Weit stärker war bei ihm das Bewußtsein, in die Wehrmacht und

besonders in die eigene Einheit schicksalhaft auf Gedeih und Verderb eingebunden zu sein.
Dabei vertraute er auf die Kameraden des eigenen »Haufens«, auf das Zusammenwirken mit ihnen, aber auch auf die Wehrmacht insgesamt und ihre Führung. Das Führungsmittel aber war eben der Befehl. Vor diesem Hintergrund muß die Rolle von Befehlen allgemein und die Wirkung von Befehlen im einzelnen gesehen werden. Der für den Kampfeinsatz ergangene Befehl füllte den Soldaten auf der Grundlage von Disziplin, Gehorsamspflicht und Vertrauen derart aus, daß normalerweise eine eigene Abwägung, ob Unrecht befohlen wurde, unterblieb; Bedenken gegen die Befehlsausführung, Zweifel an der Rechtmäßigkeit des eigenen Handelns konnten nur in ganz seltenen Fällen entstehen. Das gilt auch für Wehrmachtsangehörige, die in der Versorgung oder Verwaltung eingesetzt waren und nicht zur kämpfenden Truppe gehörten, ihre Situation als Befehlsempfänger war grundsätzlich die gleiche. Die meisten Angeklagten fühlten sich daher frei von Schuld und durften dies auch ohne Rechtsirrtum tun, wenn sie auf Befehl gehandelt hatten und im Befehlsrahmen geblieben waren.
Wir könnten bereits hier unsere Untersuchung der Schuldseite abschließen, mit Sicherheit für die Fälle, die auf Pauschalbeschuldigungen großer Einheiten (Division, Regiment) aufgebaut waren. Den Angeklagten wurde in diesen Fällen nicht gesagt, was ihnen selbst als eigene Tat vorgeworfen wurde. In ihnen konnte daher gar kein Bild, keine Vorstellung entstehen, worin ihre Schuld bestehen sollte. Das Bewußtsein der Rechtswidrigkeit, diese unabdingbare Voraussetzung der strafrechtlichen Schuld, konnte sich in ihnen nicht bilden, die entgegengesetzte Annahme des Gerichts blieb ohne Beweis. Aber auch dort, wo es an der Konkretisierung der Tat nicht fehlte, ließ die Erklärung des Angeklagten: »Ich handelte aufgrund eines bindenden militärischen Befehls als Soldat im Kriege!« eine Verurteilung nicht zu, es sei denn, das Gericht setzte sich über geltendes Recht hinweg. Und das tat die MWD-Justiz, sie mußte es tun, wenn sie die befohlene Zahl von Verurteilungen erreichen wollte, andernfalls »würden 90% und mehr der Anklagen zusammenbrechen«[10].
Das Übergehen des Befehlseinwandes ist einigen MWD-Richtern nicht leicht gefallen – Beispiele sind bekannt –. Von jeher war in der Sowjetunion der Befehl des Vorgesetzten für den Untergebenen Gesetz (Art. 6 der Disziplinarordnung). Der Soldat mußte jeden Befehl bedingungslos befolgen, für ein Ablehnen war nur ein ganz geringer Raum ge-

lassen, dann nämlich, wenn der Befehl »ohne weitere Überlegungen als ›selbstverständlich kriminell‹ erkennbar« war[11]. Die Befehlswirkung war mindestens die gleiche wie in der deutschen Wehrmacht. Mit der Ignorierung dieser Wirkung auf der deutschen Seite verleugnete der MWD-Richter im Grunde die eigenen unantastbaren Grundsätze. Die Behauptung, die deutsche Wehrmacht habe als verbrecherische Organisation in einem verbrecherischen Kriege keine bindenden Befehle erteilen können, ist als bloße Schutzbehauptung eine nicht ernst zu nehmende Spiegelfechterei[12]. Es kommt hinzu, daß die Nichtbeachtung des Befehlseinwandes mit dem Völkerrecht kollidiert. Wie bereits dargelegt, war in den Kriegsverbrecherprozessen nach Art. 8 LKO sowjetisches Militärstrafrecht anzuwenden, und zu ihm gehörte selbstverständlich auch das Befehlsrecht. Es mußte mindestens insoweit berücksichtigt werden, als das sowjetische und das deutsche Recht übereinstimmten. Und bezüglich des Befehlseinwandes stimmten sie überein.

Der offensichtliche Verstoß gegen Art. 8 LKO wurde völkerrechtlich durch das Londoner Statut nicht geheilt. Das Statut war ebenso wie das Kontrollratsgesetz bloßes Besatzungsrecht zur Anwendung gegen Deutsche, in den Beziehungen der Unterzeichner untereinander allenfalls eine multinationale Verabredung über die Verfolgung von Kriegsverbrechen der Besiegten, Völkerrecht hat es nicht geschaffen. Dem allzu einseitigen Londoner Statut und seinen Ergänzungsregelungen, die nur gegen die Besiegten gerichtet waren und nur gegen sie angewandt wurden, die überdies gegen den Rechtsgrundsatz nulla poena sine lege verstießen, stand als echtes, allgemein anerkanntes Völkerrecht die Haager Konvention von 1907 mit ihrer ehrwürdigen Landkriegsordnung gegenüber – ein Fels im allgemeinen Völkerrecht, an dem sich die vergänglichen Wellen des Hasses und der Vergeltung brechen. Sie ist die tragende Grundlage für die Beurteilung des Befehlseinwandes, nicht die ad hoc geschaffene Zweckverabredung der Sieger. Wir meinen, daß allein schon wegen der Ausschaltung des höheren Befehls die Masse der sowjetischen Kriegsverbrecherurteile als Fehlurteile zu gelten haben.

Auf der gleichen Linie liegt die Behandlung des Einwandes der Angeklagten, die ihnen vorgeworfene Handlung sei militärisch notwendig gewesen. Wir haben mehrfach erwähnt, daß die LKO in Art. 23 g diese Rechtfertigung für Zerstörungen und andere Eingriffe kennt. Uns ist kein Fall bekannt geworden, in dem solche Einwände auf ihren tatsächlichen Gehalt überprüft worden sind. Sie blieben allgemein unbeachtet, obwohl das

sowjetische Militärstrafrecht den militärischen Notstand als Rechtfertigungsgrund kennt[13] und Art. 6b des Londoner Viermächteabkommens vom 08.08.1945 festgelegt hat, daß nur die schweren Verstöße als Kriegsverbrechen gelten, die unter keinen Umständen durch militärische Notwendigkeiten zu rechtfertigen sind.
Die Behauptung der Anklagebehörde, es handele sich um Kriegsverbrechen, genügte den MWD-Richtern.
Angesichts der Verkennung der Realitäten des Krieges durch die Schöpfer des Londoner Statuts, der Mißachtung geltenden Rechts[14] und der unfaßbaren Ungerechtigkeit, die im Ausschluß des höheren Befehls als Strafausschließungsgrund liegt, wagen wir die Hoffnung auszudrücken, daß über den Stand von heute hinaus die Ablehnung der hier behandelten Prozesse und ihrer Urteile zum Allgemeingut der Völkerrechtslehre wird.
Die MWD-Justiz ist den Nachweis persönlicher Schuld, persönlicher Zurechenbarkeit in den meisten Verfahren schuldig geblieben. Diese Feststellung traf auch der Delegierte der Deutschen Bundesregierung am 11. 09. 1953 vor der ad-hoc-Kommission der Vereinten Nationen[15].

---

1 VO Nr. 69 Art. IV, zitiert in Bd. V,1 S. 184
2 Hinweise bei Bährens, Bd. V,1 S. 183/184
3 III. Genfer Abkommen vom 12.08.1949 über die Behandlung der Kriegsgefangenen. Abgedruckt bei Hinz, Kriegsgefangenenrecht 1957 Nr. 1550 S. 1–76, hier S. 46.
4 Vgl. den Hinweis in Art. 87, Abs. 2 des Abkommens, bei Hinz a.a.O. S. 45.
5 Vgl. z.B. Maurach a.a.O. S. 36 ff., Berber a.a.O. S. 246–248
6 Die Formulierung findet sich im Bundesgesetz über die Rechtsstellung des Soldaten v. 18.03.1956, BGBl. I S. 114.
7 Berber a.a.O. S. 256
8 Berber a.a.O. S. 248
9 Berber a.a.O. S. 249
10 Maurach a.a.O. S. 40
11 Maurach a.a.O. S. 39
12 Vgl. vorn S. 57/58
13 Maurach a.a.O. S. 42
14 Vgl. Berber a.a.O. S. 256
15 Neue Züricher Zeitung vom 13. 09. 1953

Die Strafvollstreckung

Die Situation in den ersten Monaten

Die ersten Monate nach den Verurteilungen waren allseits durch Unsicherheit und Zweifel gekennzeichnet. Die betroffenen Kriegsgefangenen wußten nicht, was ihnen bevorstand. Sie mußten sich mit dem Gedanken vertraut machen, daß sie in der Sowjetunion nicht mehr als Kriegsgefangene galten, sondern rechtskräftig verurteilte Strafgefangene geworden waren. Natürlich wehrten sie sich innerlich gegen diese Erkenntnis, sie alle kannten die schweren Mängel ihrer Verfahren und ihrer Urteile. Sie waren überzeugt, daß sie nach deutschem Recht schuldlos waren, sie ahnten wohl auch, daß die Urteile vor dem Völkerrecht nicht bestehen konnten. Aber sichere Kenntnis von der Rechtssituation hatten sie nicht, konnten sie auch nicht haben, weil ihnen Unterrichtung und Sachkunde fehlten. Bedenklich war, daß alle Verfahren nach dem gleichen Schema abgewickelt worden waren, also auf sowjetischen Bestimmungen beruhten, die von oberster Stelle erlassen waren. Überdies waren die Verurteilten zur Einlegung der Kassationsbeschwerde veranlaßt worden, und alle Überprüfungen durch die höhere Instanz waren negativ verlaufen[1]. Aus allem ergab sich eindeutig, daß die Urteile nach Meinung der Sowjetjustiz zu Recht ergangen waren und so lange bestehen bleiben würden, wie sie nicht aufgehoben oder anderweitig außer Kraft gesetzt wurden. Den Verurteilten blieb in dieser Lage nichts anderes übrig, als sich mit dem Bewußtsein der eigenen Schuldlosigkeit zu wappnen und sich den Befehlen der Strafvollzugsorgane zu fügen, wenn auch widerwillig und mit inneren Vorbehalten.

Besonders groß waren die Zweifel und Unsicherheiten in der deutschen Heimat. Hier wußte man nicht einmal, wieviele und welche namentlich bekannten Kriegsgefangenen verurteilt und welche Vorwürfe ihnen gemacht worden waren. Wie würde die Strafvollstreckung aussehen, welche deutschen Gegenmaßnahmen waren möglich? Von der Sowjetunion war nichts zu erfahren. Sie hielt an der während des Krieges geübten Praxis fest, keine Namen von Kriegsgefangenen mitzuteilen[2] und hütete sich auch, Auskünfte über die Urteilsgründe zu geben.

Auch auf der Sowjetseite bestanden Unsicherheiten. Offenbar hatten die Lagerleitungen, Gefängnisverwaltungen und andere für die Kriegsgefangenen zuständigen Stellen keine genaue Weisung erhalten, was mit den verurteilten Deutschen geschehen, wie die Strafvollstreckung gehandhabt werden sollte. Daher wartete man zunächst einmal das Ende der Prozeßwelle ab, die immerhin mehr als ein halbes Jahr andauerte und weit in das Jahr 1950 hineinreichte[3]. Wir können angesichts der vielfach überstürzten Verfahrensabwicklung, der zahlreichen Gefangenenverschiebungen und der Verschiedenheit örtlicher Regelungen kein allgemein gültiges Bild gewinnen, wie mit den Kriegsgefangenen nach ihrer Verurteilung verfahren wurde. Es scheint, daß sich die örtlichen Stellen mit Behelfsmaßnahmen zufriedengaben. Vielfach ließ man die Verurteilten einfach in den sich bietenden Gelegenheiten eingesperrt (Gefängnis, Vernehmungsbaracke, Lagerkarzer), zum Teil brachte man sie in ihr altes, inzwischen leeres und fast ausgeplündertes Lager zurück. In dieser Zeit gab es für die Lagerleitungen allerlei Schwierigkeiten. Solange die vorgesehenen Repatriierungstransporte die Lager noch nicht verlassen hatten, mußten die Verurteilten von den Heimkehrern getrennt gehalten werden. Mancher Lagerkommandant mag in dem Durcheinander dieser Monate die Übersicht verloren haben – die Zahl von fast 27000 Verurteilungen spricht eine beredte Sprache –; anders ist es kaum zu erklären, daß einzelne zur Verurteilung vorgesehene Generalstabsoffiziere sich zu ihrer großen Überraschung in einem Heimattransport wiederfanden und tatsächlich die Heimat erreichten.

Zur Unsicherheit trug auch die bereits erwähnte erste Entlassungsaktion bei, die Tausenden von Verurteilten schon wenige Wochen nach ihrem Prozeß die Freiheit brachte. Der Vorgang war für alle rätselhaft[4]. Die Zurückbleibenden konnten keine Unterschiede zu ihrer eigenen Situation erkennen. Weder in den angewandten Strafbestimmungen noch in den persönlichen Verhältnissen unterschieden sich die Ausgewählten von ihnen selbst. Bei den Kriegsverurteilten gewann daher die Auffassung an Boden, daß das eigene Schicksal weniger von dem Strafurteil abhängen würde als von wahrscheinlich politischen, z.Z. noch nicht erkennbaren

Überlegungen der Sowjetregierung oder gar von einem wenig wahrscheinlichen massiven Eingreifen der Westmächte.
In der Heimat hatten die Entlassungen eine wichtige Nebenwirkung. Die sogleich eingeleitete Befragung der vorzeitig Entlassenen führte zu einer Aufhellung der Prozeßvorgänge. Man erhielt ein verläßliches Bild des Geschehens und wußte nun sicher, daß sich eine menschliche Tragödie abspielte, die alle Anstrengungen für die Verurteilten selbst und für die mitbetroffenen Angehörigen zur unabweisbaren Pflicht machte.

Die Entwicklung bis zum Jahresende 1950

Von einem Gleichmaß und von festen Grundsätzen in der Verurteiltenbehandlung kann frühestens gegen Ende des Jahres 1950 gesprochen werden. Für die erste Hälfte dieses Jahres sind noch erhebliche Unterschiede und Unklarheiten festzustellen. Während in den meisten Lagern, selbst wenn sie nur als vorläufig zu gelten hatten, sogleich nach der Verurteilung scharf gearbeitet werden mußte, waren in anderen die Arbeitseinsätze recht locker. Die Sonderstellung der Generale und Offiziere (Arbeitsverschonung bis zum Stabsoffizier, Gewähren der sog. Offiziersverpflegung, d. h. einige Gramm Zucker und etwas Tabak zusätzlich) hielt sich an einigen Orten noch eine Zeitlang. Sie wurde aber bald beseitigt, die volle Gleichstellung aller Verurteilten folgte, sie brachte auch die Arbeitspflicht für alle.
Wieder liefen Transporte an, dieses Mal statt nach Westen nunmehr in ostwärtiger Richtung, in den Waggons keine hoffnungsfrohen Heimkehrer, sondern bedrückte Strafverurteilte. Die Gefangenen rollten in die vorgesehenen Einsatzräume und lernten dabei, nicht wenige zum ersten Mal, die harten Formen der Saklutschonny-Transporte kennen: vergitterte Waggons mit Bewachungsaufbauten und MG-Ständen, robustes Bewachungspersonal mit schußbereiten MPis und Hunden, täglich mehrfache Zählungen. Am Zielort änderte sich das Bild, die Verurteilten kamen nicht in allgemeine sowjetische Straflager, sondern in frühere Kriegsgefangenenlager und blieben dort zu ihrer großen Erleichterung unter sich. Langsam kehrten ähnliche äußere Verhältnisse zurück, wie sie vorher in den Kriegsgefangenenlagern geherrscht hatten, allerdings mit scharfer Bewachung auf dem Weg zur Arbeit und mit anfänglichen Schikanen[5].
Die Ernährungslage freilich war schwieriger geworden. Viele handwerklich ausgebildete Kameraden, die Rubel verdient und damit zusätzliche

Nahrungsmittel in die Lager gebracht hatten, waren repatriiert worden, der Hunger erhob wieder mehr als vorher sein Haupt. Um so schwerer war der Winter zu ertragen, in dessen Griff die Verurteilten gerieten. Ihre Lager waren auf wenige Regionen verteilt worden, die meisten befanden sich im Ostteil des europäischen Rußland[6]. Die harte Arbeit bei sehr strengem Frost (bis wenigstens 20° Celsius mußte in allen Lagern ausmarschiert werden), die mangelhafte Ernährung, die z. T. unzumutbare Unterbringung mit nächtlichen Innentemperaturen von vier bis fünf Grad, dazu die Ungewißheit der Gesamtlage, alle diese Umstände forderten den Männern, die schon ein halbes Jahrzehnt Wiedergutmachungsarbeit unter extremen Bedingungen hinter sich gebracht hatten, das Letzte an Kraft und Energie ab. Dabei blieb ihnen lange unklar, unter welche Lagerordnung sie geraten waren. Hatten sie überhaupt noch eigene Rechte? Warum durften sie nicht in die Heimat schreiben und mitteilen, daß sie noch am Leben waren? Sollten ihnen diese selbstverständlichen Rechte für immer versagt bleiben? In allen Regimen des sowjetischen Strafvollzuges stand den Lagerinsassen, wie ihnen bekannt war, mit Ausnahme des Isolator-Regimes, das Recht auf Empfang von Briefpost zu, im normalen Regime zweimal im Monat, Paketpost durfte sogar unbeschränkt empfangen werden[7]. Immer wieder protestierten sie gegen ihre Benachteiligung, gleichwohl blieb die Postsperre bestehen. Erst im November 1950, nachdem die Postverbindung länger als ein Jahr unterbrochen war, gelang es der Heimat, die Sowjetunion zur Aufnahme der Postbeförderung zu veranlassen. Die damit auf beiden Seiten des Eisernen Vorhangs eintretende seelische Entlastung kann gar nicht hoch genug veranschlagt werden. Besonders bei den Angehörigen war sie eine Erlösung. Mit Eintreffen der ersten Postkarte veränderte sich ihre Welt, die Spannung milderte sich, Verzweiflung wurde von Hoffnung abgelöst. Nun erst wußten sie, daß der Mann, der Vater, der Sohn noch lebte. Auch für die Gefangenen war jetzt der sehnlichst gewünschte Kontakt mit der Familie wiederhergestellt; als beinahe noch wichtiger empfanden sie die Gewißheit, nunmehr in der Heimat registriert und nicht vergessen zu sein.

Die Haftjahre von 1951 bis 1953

Über das Leben der Kriegsverurteilten in den Lagern und auf den Arbeitsstellen soll hier nicht näher berichtet werden, wir verweisen auf die zahlreichen Heimkehrerberichte[8]. In der Dokumentation wird von einer geradlinigen Fortsetzung des Lebens gesprochen, das sie zuvor als Kriegsgefangene geführt hatten[9]. Das trifft wohl für die Organisationsformen, nicht aber für das Leben selbst zu. Gerade die langen Monate der Übergangszeit brachten Tiefpunkte des Gefangenendaseins, die zu den schwersten der Gefangenschaft überhaupt gehörten, wenn sie auch mit dem durch hohe Todesziffern gekennzeichneten Jahr 1945 nicht verglichen werden können. Bei der Beurteilung ihrer Lage darf die zusätzliche seelische Belastung der Kriegsverurteilten nicht übersehen werden.

Der normale Kriegsgefangene von 1945 war durch den Zusammenbruch Deutschlands in ein Gesamtschicksal hineingezogen worden, für das er persönlich nichts konnte. Er war betroffen, weil er Deutscher und Soldat war – wie alle seine Kameraden hatte er seine vaterländische Pflicht mit dem Wehrdienst erfüllt. Eigene Entscheidungen und eigene Handlungen hatten für sein Schicksal keine Rolle gespielt, er trug gleichsam als anonymer Mensch das gemeinsame Schicksal von Millionen. Anders die Situation des Kriegsverurteilten. Seine Haft war vom Grundsätzlichen her keine Fortsetzung der Kriegsgefangenschaft, sie gehörte nicht mehr zum Gesamtschicksal der deutschen Wehrmacht. Er erlitt ein Sonderschicksal, das seinen Ursprung zwar auch im Soldatsein und in der deutschen Niederlage hatte, ihn aber darüber hinaus als Einzelpersönlichkeit wegen angeblich von ihm selbst begangener und zu verantwortender Eigenhandlungen traf. Und hier lag die innere Last des Verurteilten. Ihn persönlich hatte die Sowjetjustiz aus der Millionen-Masse herausgesucht und gerichtlich bestraft, aber ihre Vorwürfe waren falsch, er fühlte sich frei von Schuld. Der innere Zwiespalt, der sich aus diesem Wissen und dem Zwang des Strafvollzuges ergab, begleitete die Verurteilten während der langen Haftjahre, aber sein Stachel verlor an Kraft. Zwei Dinge halfen dabei: Die Fürsorge der Heimat und die Kameradschaft untereinander.

Alle einschlägigen Heimkehrerberichte stimmen darin überein, daß die Zulassung des Paketverkehrs für die Gefangenen von größter Bedeutung, ja für nicht wenige die Lebensrettung war. Der Paketverkehr lief im Frühjahr 1951 voll an, steigerte sich zu beträchtlichen Zahlen und ließ bis zum Schluß der Gefangenschaft nicht nach[10]. Es ist sehr wahrscheinlich, daß die MWD-Leitung mit einer solchen Paketflut, wie sie aus dem Westen kam, nicht gerechnet hatte, ging sie doch mit der Zulassung von ihrer bewährten Praxis ab, mit dem Hunger das Funktionieren ihres Zwangsarbeitssystems durchzusetzen. Gleichwohl hat sie keine Maßnahmen zur Eindämmung des Paketverkehrs getroffen[11]. Das erschien auch nicht notwendig, da die Gefangenen trotz des Paketsegens arbeiteten, ihre Leistungen fielen nicht nennenswert ab. Sie wollten durch schlechte Arbeit nicht den Post- und Paketempfang gefährden, überdies wußten sie aus langjähriger Erfahrung, daß die Lagerleitungen ihre Macht so einzusetzen verstanden, daß die Gefangenen arbeiten mußten, wenn sie überleben wollten. Sie befanden sich nun einmal in der Rolle des stalinistischen Zwangsarbeiters, ihr konnten sie ohne Selbstaufgabe nicht entrinnen. Um Zusatzbrot oder Kaschazuschläge kämpfte man nicht mehr, aber man arbeitete.

Die Kameradschaft war in der Haftzeit wieder fest geworden. Während der Kriegsgefangenschaft war sie oft gefährdet gewesen. Spitzelunwesen, politische Anbiederung (Antifa, Lager-Aristokratie) und Bestarbeiter-Streben hatten zur Cliquenbildung in den Lagern geführt und die Einigkeit untergaben. Zwar hatten die MWD-Organe das Spitzelwesen nach der Verurteilung in geringem Umfang wieder aufbauen können, aber von Anbiederungstendenzen war in den Lagern nichts zu spüren, und die wenigen Spitzel hatten keine Chancen. Die gemeinsame Notlage führte verstärkt zu gegenseitiger Anlehnung und zum Suchen nach verläßlicher Kameradschaft. Unzuverlässige Mitgefangene gerieten in Isolierung. Die Kameradschaft stärkte Selbstvertrauen und Hoffnung, sie ließ die schwere Zeit leichter ertragen. Kameradschaft und Fürsorge zusammen waren so hilfreich, daß die Gefangenen ihre innere Unruhe in eine Art von abwartender Gelassenheit wandeln konnten. Nur wenige Verzweiflungshandlungen sind bekannt geworden[12].

Die Kriegsverurteilten verbrachten die Jahre bis zum Herbst 1953 unter wechselnden Hoffnungen und Enttäuschungen – etwa wenn wieder einmal eine Parole über die Ausrüstung von Waggons für einen Heimattransport zusammenbrach – mit ständiger harter Arbeit, aber auch mit dem Trost, den Heimatpost, Pakete und Lagerkameradschaft spendeten. Hier seien die Leistungen von deutschen Kulturgruppen in einigen Lagern erwähnt, die durch Musik und Theater Ablenkung und Freude brachten und dazu beitrugen, daß das geistige Band zur Heimat erhalten blieb. Sie zeigten bewundernswerten Erfindergeist und Fleiß und verdienen besondere Anerkennung[13].

Stalins Tod

In das eintönige Dasein der Kriegsverurteilten, das sich fast völlig in Arbeiten und Schlafen und wieder Arbeiten und Schlafen erschöpfte, in dem die Welt vor dem Stacheldraht etwas Fremdes, ihnen Fernliegendes geworden war, brach im März 1953 das wirkliche, sie unmittelbar berührende Leben mit der Nachricht vom Tode Stalins ein. Am 5. März 1953 hatte der Mann die Augen für immer geschlossen, der für sie alle die letzte Instanz in ihrem Schicksal bedeutet hatte. Merkwürdig genug für uns Heutige: Die Gefangenen waren irgendwie von der Wirkung des Stalinschen Personenkultes miterfaßt worden, sie hatten meist ihr Schicksal »dem Iwan«, »dem Russen«, »den Sowjetrussen«, aber nicht Stalin persönlich zugerechnet, ähnlich wie viele Deutsche früher untereinander geraunt hatten: »Wenn das der Führer wüßte . . . !« Die Erkenntnis, daß Stalin, der unbestrittene Alleinherrscher, auch die Prozeßaktion inszeniert haben mußte, war keineswegs allen Gefangenen geläufig. Sie hatten das sowjetische System in seiner unüberschaubaren Organisation und Ausdehnung erlebt, die Macht seiner Vollstrecker unmittelbar an der Basis erfahren, die Spitze war für sie undeutlich und unerreichbar geblieben. Daraus mag sich die erste Reaktion auf die Nachricht erklären: Überraschung, aber keine besondere Erregung, kaum ein Versuch, die im eigenen Innern aufkeimende Freude zu zeigen. Gewiß gab es im Freundeskreis Diskussionen und Spekulationen; nach außen mußten die Gefangenen zunächst als fast teilnahmslos wirken: Wie an allen Tagen rückten sie morgens zur Arbeit aus und kehrten am Abend in ihr Lager zurück. Was sollte sich für sie schon ändern? Andere Personen würden an die Stelle Stalins treten: die Menschen wechselten, das System blieb[14].

Bald aber erfaßte die allgemeine Unruhe, die sich in der Sowjetunion ausbreitete, auch die Kriegsverurteilten. Die Außenwelt kam wieder mehr ins Blickfeld.

Die Sprachkundigen unter ihnen versuchten vor allem, Zeitungen in die Hand zu bekommen, um Weg und Ziel der neuen Machthaber zu erkennen. Bald wußte man, daß nicht nur Malenkow und Molotow, sondern auch Berija, der für das Schicksal der Gefangenen mitverantwortlich war, zu den Spitzen des neuen Parteipräsidiums gehörten. Das versprach nichts Gutes. Gleichwohl erhob sich leichte Hoffnung, als schon drei Wochen nach Stalins Tod eine allgemeine Amnestie für die Sowjetunion verkündet wurde. Aber sie galt nur für Häftlinge bis zu fünf Jahren und enthielt eine

richtungweisende Einschränkung: Konterrevolutionäre Verbrechen waren ausgenommen! Damit erwies sie sich als eine sehr enge und vorsichtige Maßnahme, die weitergehenden Spekulationen der Kriegsverurteilten zunächst den Boden entzog. Die Entwicklung ging in überraschend schnellem Tempo weiter. Aus der Presse waren neue Töne zu vernehmen, man sprach offen von Mängeln im Staatsapparat, von Willkür und Ungesetzlichkeit[15]. Kein Wunder, daß die Parolen im Lager und auf den Arbeitsstellen blühten.
Auch das Gerede der Lageroffiziere, die für die Gefangenenarbeit verantwortlich waren, wurde konkreter. Sie sprachen wieder von »damoi« (nach Hause) und trieben zur Arbeit mit der Versicherung an, die Gefangenen würden repatriiert werden, aber nicht alle dürften heimfahren, schlechte Arbeiter würden ausgenommen sein. Im späten Frühjahr begannen mit Spannung verfolgte Verlegungen von Gefangenen in andere Lager, in denen Vorbereitungsmaßnahmen für Transporte anliefen. Die Repatriierung schien tatsächlich Wirklichkeit zu werden. Aber wieder wurden die Kriegsverurteilten enttäuscht.

Der 17. Juni 1953 und seine Folgen

Der 17. Juni brachte den Volksaufstand in Mitteldeutschland und damit für die Sowjetregierung eine unvorhergesehene und schwierige Situation. Die anscheinend so gefügigen Mitteldeutschen wagten als erste im gesamten Ostblock offenen Widerstand. Ulbricht, schon seit einiger Zeit in Moskaus Wertschätzung rückläufig, hatte offenbar große Teile der Bevölkerung in eine antisozialistische und antisowjetische Einstellung abgleiten lassen. Nun rief er zur Rettung des Sozialismus und seiner eigenen Herrschaft nach Hilfe durch sowjetische Truppen. Trotz großer Bedenken, die überraschenderweise besonders von Berija vertreten wurden, entsprach man nach anfänglichem Zögern der Bitte Ulbrichts, setzte Panzerverbände ein und schlug den Aufstand gewaltsam nieder[16]. Die Vorgänge veränderten das bisherige Bild in Moskau gründlich. Der vermeintlich sowjetfreundliche Teil Deutschlands, man nannte die mitteldeutsche Bevölkerung »naschi« (die Unseren), hatte sich als ein unzufriedenes und in seiner Haltung unsicheres Land gezeigt. Die Niederschlagung des Aufstandes hatte 538 Tote und 1719 Verwundete gekostet, 114 Demonstranten waren standrechtlich erschossen worden[17]. Neben der Verfolgung der Schuldigen schien eine Phase der Beruhigung der Bevölkerung dringend geboten, zugleich mußte an den Abbau der aufgestauten Antipathien gegen die Ulbricht-Regierung und die Sowjetunion gegangen werden. Angesichts dieser Lage erschien es der Sowjetregierung offenbar als zur Zeit riskant, ehemalige Kriegsgefangene nach Deutschland zu schicken. Sie konnten kaum als Freunde und Fürsprecher für den Sozialismus und die Sowjetunion angesehen werden und würden den Beruhigungsprozeß möglicherweise erschweren. So hielt die Moskauer Zentrale die bereits angelaufenen Repatriierungsmaßnahmen wieder an. Die Kriegsverurteilten in den Lagern hatten von den Vorgängen, soweit sich feststellen läßt, nur geringe Kenntnis. Die wenigen ihnen zugänglichen Zeitungen spielten das Geschehen herunter. Sie berichteten sehr spät und sehr spärlich und behaupteten, eine kleine Gruppe von verbrecherischen, durch das kapitalistische Ausland gesteuerten Saboteuren hätte versucht, die sozialistische Ordnung in der Deutschen Demokratischen Republik zu beseitigen. Der von vornherein zum Scheitern verurteilte Versuch sei sofort durch Gegenmaßnahmen aufgehalten und die Ordnung hergestellt worden. In den Lagern registrierten die Gefangenen mit Enttäuschung, daß die Transportvorbereitungen nicht weitergingen. Von sowjetischer Seite wurde systematisch verbreitet, die geplanten Heimattransporte könnten zur Zeit wegen Störungen im Eisenbahnwesen der DDR nicht abgefertigt werden. Die Gefangenen schenkten dem keinen Glauben, sie vermuteten, daß doch größere politische Vorgänge der Anlaß waren. Ihre Hoffnung blieb aber am Leben, vielleicht aus Kanälen gespeist, die unbekannt geblieben sind.

Die Entlassungsaktion 1953

Im Monat August zeigte sich überraschend eine neue Variante der Gefangenenszene. Während die Sowjetunion bisher alle ausländischen Versuche, sie zur Freigabe von deutschen Kriegsgefangenen zu veranlassen, unbeachtet gelassen oder sogar ausdrücklich zurückgewiesen hatte, kam nun erstmals eine fremde Macht, wenn auch eine dem Ostblock zugehörige Macht, ins Spiel. Eine Delegation der DDR erschien in Moskau, um mit der Sowjetregierung über die Repatriierung der deutschen Kriegsverurteilten, und zwar aller, einschließlich der nach Westdeutschland gehörenden Gefangenen, zu verhandeln. Dieser Vorgang war neu und ungewöhnlich. Zum ersten Mal ging die Sowjetregierung anscheinend von ihrer bisher geübten Haltung ab, daß sie allein über das Schicksal der Kriegsgefangenen und der Kriegsverurteilten zu befinden hatte und weder der Zustimmung noch irgendwelcher Ratschläge oder Initiativen von fremder Seite bedurfte. Zum anderen nahm die Regierung der DDR hierbei eine gesamtdeutsche Aufgabe wahr – es ging um Kriegsverurteilte aus beiden Teilen Deutschlands – und dies ohne Fühlungnahme mit der deutschen Bundesrepublik. Die Hintergründe und Absichten dieses neuen Verfahrens werden uns noch beschäftigen.

Am 21. August 1953 wurde zwischen der Sowjetunion und der Deutschen Demokratischen Republik ein Vertrag über die Rückführung der verurteilten deutschen Kriegsgefangenen in beide Teile Deutschlands abgeschlossen, der nach einer im Vertrage niedergelegten Bezeichnung allgemein der »Modus« genannt wurde. Nach diesem Modus sollten die deutschen Kriegsgefangenen entlassen werden mit Ausnahme derer, die wegen besonders schwerer Verbrechen gegen den Frieden und die Menschlichkeit verurteilt worden waren.

In den Lagern herrschte trotz der Verläßlichkeit der Meldung weitgehende Skepsis. Man erkannte, daß wieder das alte Rezept gelten sollte: Nur ein Teil fährt heim, ein Rest bleibt! Das bedeutete für die Gefangenen weiter Ungewißheit, Hoffnung mit Zweifeln und Sorgen gemischt. Die Auswahl-»Grundsätze« hatten sie kennengelernt, sie waren undurchschaubar. Wieder würde die Operativ-Abteilung bestimmen, was unter besonders schweren Verbrechen zu verstehen war; jeder Gefangene konnte höchst einfach zum besonders schweren Verbrecher gemacht werden, man brauchte ihn bloß nicht in die Liste aufzunehmen! Begründungen waren nicht nötig. Die nach unruhigen Wochen schließlich folgende Bekanntgabe der Heimkehrer-Namen war eine Nervenprobe eigener Art. Ein Lageroffizier verlas die Namen in der Reihenfolge des russischen Alphabets. Die heftige Spannung hielt bis zu der Stelle an, die den eigenen Namen bringen mußte. Jeder wußte, wann er an der Reihe war. Fiel der eigene Name, hob sich bei dem Glücklichen die Brust in hoffnungsvoller Freude, er eilte zu seinen Freunden, um ihnen zu sagen, daß er verlesen wurde. Der andere, nicht Verlesene, blieb noch eine Weile kopfschüttelnd stehen, dann ging er stumm beiseite, wieder um eine Hoffnung ärmer; niedergeschlagen suchte er nach Freunden, die weiter sein Schicksal teilen mußten. Der Schlag war nicht allein so heftig, weil wieder eine nicht abzuschätzende Gefangenschaftszeit vor den Zurückbleibenden lag, sondern auch weil sie abgewertet und in die schwerst belastete Gefangenengruppe eingeordnet worden waren. Und das, obwohl sich die glücklicheren Ka-

meraden von ihnen nach Urteil und angeblicher Straftat nicht unterschieden. Die Willkür zeigte sich in aller Deutlichkeit darin, daß etwa die Hälfte der Kameraden zurückbleiben mußte. In gewisser Hinsicht war dies ein Trost, die besondere Schwere des eigenen »Verbrechens« war wohl doch nicht ausschlaggebend gewesen.
Trotz der riesengroßen Enttäuschung blieb die Hoffnung am Leben. Gewiß würden die Heimkehrer noch mehr Klarheit über das Spiel der Sowjetregierung nach Hause bringen und die Anstrengungen der Heimat verstärken.
Die ersten Heimattransporte erreichten das Durchgangslager Friedland im September 1953[18]. Die Entlassungen hielten bis über das Jahresende hinaus an, sie brachten 10093 kriegsverurteilten deutschen Soldaten die Freiheit, 220 erreichten das Ziel nicht mehr, sie waren im zweiten Halbjahr 1953 verstorben[19].

Die letzte Phase der Gefangenschaft

Nach der Entlassungsaktion von 1953 mußte eine Umorganisation erfolgen, weil die bisher vollbelegten Lager halb leer geworden waren. Die MWD-Führung konzentrierte die Restkontingente der verurteilten Kriegsgefangenen in sechs Lagern im Raum von Swerdlowsk und beließ nur zwei Lager im Westen, Perwomajsk im Großraum Stalino und Wojkowo, 200 km n. ostw. von Moskau[20]. Die zurückgehaltenen Gefangenen befanden sich beim Verlassen des alten Lagers in einem Zustand von Erbitterung und heftiger Empörung. Der winterliche Transport nach Osten in der menschenunwürdigen Saklutschonny-Form tat ein übriges. Sie hielten ihren Zorn nicht zurück und erklärten während der Transporte und am neuen Ort gegenüber Posten und anderem Personal offen, sie würden in Zukunft weitere Arbeit verweigern. Wie ernst die Situation war, erkannten die Lagerleitungen wohl erst, als sie nach Ablauf der Quarantänezeit im neuen Lager mit der Aufstellung von Arbeitsbrigaden begannen. Als beispielhaft seien Vorgänge im Lager Pervouralsk erwähnt. Dort forderte die Lagerleitung die früheren Brigadiere zur erneuten Übernahme einer Brigade auf. Die meisten weigerten sich und brachten vielerlei Einwände vor. Ein Brigadier aber hatte sich überreden lassen, der Forderung der Lagerleitung zu folgen. Da er ahnte, daß einige Kameraden davon Wind bekommen hatten, wartete er aus Vorsicht den Abend ab und schlich sich erst in den Nachtstunden in seine Baracke zurück. Er kam nicht weit. Ein zorniger Mitgefangener hatte auf ihn gewartet, stürzte mit einem Messer auf ihn los, jagte ihn mit wütenden Schimpfreden durch die Baracke und verletzte ihn schwer. Die ganze Barackenbelegschaft war wach geworden, sie schaute dem Vorgang schweigend zu, keiner half. Nach längerer Zeit machte dann ein Besonnener durch entschlossenes Dazwischentreten dem Vorfall ein Ende und sorgte für die ärztliche Versorgung des Verletzten. Den Gefangenen war klar, daß sie gegenüber der Lagerleitung auf die Dauer den kürzeren ziehen mußten. Gleichwohl dauerte es mehrere Tage, bis es der Lagerführung gelang, die Masse der Gefangenen zum Ausmarsch aus dem Lager zu bringen. Vernehmungen, Suche nach Rädelsführern, Einsperrungen in den Karzer und Beschwichtigungen durch weiterblickende Kameraden brachten die große Mehrheit zu der Einsicht, daß ihr Widerstand nutzlos sein würde. Sie folgte dem Ausmarschbefehl. Eine Restgruppe von etwa 30 Mann blieb aber standhaft bei ihrer Weigerung. Gegen sie ging die MWD-Führung mit äußerster Härte vor.

Eine Truppeneinheit unter Waffen wurde eingesetzt, ein junger Gefangener zahlte für den Widerstand mit seinem Leben[21]. Im Lager breitete sich nach Bekanntwerden des Vorgangs lähmender Schrecken und ohnmächtige Wut aus. Aber niemand wagte einen offenen Protest im Namen der Kameraden. Die Einschüchterung war vollkommen, am nächsten Tag marschierten alle Gefangenen zur Arbeit. Der Vorfall belastete lange Zeit die Gefangenen und ihr Verhältnis zur sowjetischen Lagerführung.

Nicht nur hier, auch in anderen Lagern fiel die Arbeitsbereitschaft zurück. Das war nicht allein örtlich die Folge des geschilderten Vorfalls, sondern nach 1953 eine allgemeine Erscheinung. Die Gefangenen wahrten zwar den äußeren Rahmen. Sie gingen zu den Baustellen, empfingen dort ihr Werkzeug und begannen ihre Arbeit, aber sie bemühten sich, mit so wenig Arbeit wie nur möglich auszukommen. Auf großen Baustellen entwickelten sie Warnsysteme, um den Gefahren von überraschenden Kontrollen zu begegnen, sie teilten Kameraden nach Plan ein, damit immer einige am Arbeitsplatz zu finden waren. Die sowjetischen Baustellenleiter nahmen diese Entwicklung zum Teil gleichgültig auf, z. T. spotteten sie darüber[22].

Über den weiteren Strafvollzug ist nichts wesentlich Neues zu berichten. Das Gefangenendasein in den Lagern und auf den Arbeitsstellen unterschied sich äußerlich kaum von der Situation vor der Entlassungsaktion 1953.

Etwa mit der Wende des Jahres 1954 auf 1955 konnte der aufmerksame Beobachter etwas Interessantes bemerken: Die Lagerleitungen und ihre Hilfskräfte begannen, sich gegenüber den Gefangenen zurückhaltender zu benehmen. Gewiß wurden auffällige Verstöße gegen Arbeitspflicht und Disziplin weiter verfolgt. Aber es gab keine Vernehmungen mehr, die Antreiberei bei der Arbeit wurde schwächer, die Barackenfilzungen wurden seltener. Ob diese Zurückhaltung eine Folge der innersowjetischen Entwicklung nach dem Sturz Berijas[23] war, muß offenbleiben. Die Zusammenhänge zwischen großer Politik und Gefangenenschicksal traten in der Folge immer deutlicher hervor.

Das Jahr 1955 brachte sehr bald eine wichtige Nachricht. Die Regierung der Sowjetunion erklärte das Ende des Kriegszustandes mit der deutschen Bundesrepublik. Die Gefangenen versprachen sich davon keine unmittelbaren Folgen für sich selbst, schlossen aber auf eine Verbesserung der sowjetischen Haltung gegenüber den Deutschen. Wenig später folgte eine echte Überraschung: Alle Österreicher wurden entlassen und heimgeschickt. Die zurückbleibenden deutschen Gefangenen nahmen dies als gutes Zeichen auch für sich selbst; man sah, daß sich in der Gefangenenfrage wieder etwas rührte. Im Frühsommer gab es erneut einen Stimmungsauftrieb. Das Gerücht kam auf, Bundeskanzler Adenauer sei nach Moskau eingeladen worden, dabei würde gewiß auch die Frage der Gefangenen gelöst werden. Aber Woche um Woche verstrich, ohne daß Neues zu hören war. Hatte die Gerüchteküche wieder einmal »falschen Dampf« abgelassen? Aber trotz aller Skepsis der altgedienten Plennys war man gegenüber diesen Parolen optimistischer als bisher.

Als im August Lageroffiziere andeuteten, daß die Gefangenen bald die Heimat wiedersehen würden, wurden sie nicht wie früher unwirsch abgefertigt oder ausgelacht. Die Hoffnung auf Heimtransporte breitete sich aus. Die Septembertage brachten dann die Bestätigung: Adenauer war zu Verhandlungen nach Moskau gekommen. Für die Gefangenen begannen spannungsreiche Tage. Russisch sprechende Kameraden hörten ständig den Lager-Lautsprecher ab und übersetzten alle Meldungen von Radio Moskau den anderen. So nahmen sie alle am dramatischen Auf und Ab der Verhandlungen teil, erlebten Hoffnungen und Enttäuschungen, bis endlich deutlich wurde: Adenauer hatte in der Gefangenenfrage erfolgreich verhandelt, die Gefangenschaft ging zu Ende. Noch im September wurde den Gefangenen eröffnet, daß sie in Kürze repatriiert werden würden. Die bisherigen »schwersten Kriegsverbrecher« erlebten mit Erstaunen ein völliges Umschwenken ihrer Lageroffiziere und Bewacher, die sich betont freundlich zu geben versuchten. Die Lagerleitungen veranlaßten Vorführungen folkloristischer Gruppen, dabei musikalische und andere Unterhaltungen, es folgten offizielle Abschiedsfeiern mit freundschaftlichen Ansprachen. Die Gefangenen sahen diese Bemühungen als eine Art Versöhnungsgeste an, aber auch als Versuch, für den Sowjetsozialismus zu werben, zumal sie immer wieder aufgefordert wurden, daheim die Wahrheit über die Sowjetunion zu sagen, was sie selbstverständlich versprachen. Im übrigen verhielten sie sich zurückhaltend, ihr Mißtrauen blieb wach. Es verlor sich erst allmählich während der nun in rascher Folge einsetzenden Heimattransporte, die in zweckmäßig ausgestatteten Güterwaggons mit offenen Türen und ohne Bewachung durchgeführt wurden. Die Masse der Transporte erreichte noch im Jahre 1955 die Heimat. Einige wurden in der Sowjetunion angehalten, als sich die von der Bundesregierung zugesagte Bereitstellung von Raum für die neue Sowjetbotschaft verzögerte. Erst nach Beheben des Mangels wurden die Transportzüge nach Deutschland weitergeleitet.

Die Repatriierungsaktion 1955/56 brachte 10825 Kriegsverurteilten die Freiheit. Sie alle hatten mindestens 10½ Jahre sowjetischer Gefangenschaft hinter sich. Einige Gefangene waren noch in den Jahren 1954 und 1955 verstorben[24].

Ein Kontingent von 749 Kriegsverurteilten erfuhr eine Sonderbehandlung. Diese Gefangenen wurden als Schwerverbrecher in verplombten, mit Scheinwerfern gesicherten Waggons befördert und erreichten im Januar 1956 die Heimat. Sie sollten nach Vorstellung der sowjetischen Regierung vor deutsche Gerichte gestellt, ihre Untersuchungsakten zu diesem Zweck an die deutsche Bundesregierung ausgehändigt werden. Die angekündigten Akten sind aber nie übergeben worden. Die Bundesregierung hat dementsprechend von einer Sonderbehandlung dieser Heimkehrer abgesehen.

---

[1] Zum Gespött wurden die Fälle, in denen die Ablehnung mitgeteilt wurde, obwohl der Verurteilte keine Beschwerde eingelegt hatte.

[2] Die Sowjetunion hatte das Genfer Kriegsgefangenenabkommen von 1929, das entsprechende Meldungen an das Internationale Komitee vom Roten Kreuz in Genf vorsah, nicht ratifiziert. Das III. Genfer Abkommen vom 12.08.1949 kam ebenfalls nicht zum Zuge (vgl. Art. 85 und 122); die SU hat ihrer späteren Ratifizierung einen entsprechenden Vorbehalt hinzugefügt (Hinz 1550 S. 45).

[3] Die TASS-Meldung vom 05. 05. 1950 nannte 3815 Mann als noch nicht verurteilt. Vgl. vorn S. 52.

[4] Vgl. z. B. HK-Bericht in Bd. V,1 S. 572. – Böhme in Bd. XV S. 428 versucht eine Deutung aus dem Übereifer der Verfolgungsorgane. Er vermutet eine Übererfüllung der vom Kreml für die Verurteilungen gesetzten Norm und ihren Ausgleich durch die Sofort-Entlassungen.

[5] Situationsberichte in Borowitschi S. 276 ff. S. 95 f.

[6] Zusammenstellung der Lager und ihrer Existenzdauer in Bd. VII S. 97, ihrer geographischen Lage in Bd. VII Karte 33.

[7] Vgl. die aufschlußreiche Tafel 35 Bd. V,1 S. 207

[8] Vgl. für die Zwischenphase Borowitschi S. 142 f., für die spätere Zeit bis Anfang 1952 den sehr eingehenden Bericht S. 276 ff., der die wichtigsten Fragen sorgfältig behandelt. Aufschlußreich der Bericht des Lagerarztes Potma bis 1953 in Bd. V,1 S. 266 ff. über korrekte Lagerführung, über das Gegenteil bis 1950 a.a.O. S. 568 ff.

[9] Bd. V,1 Vorwort S. VIII

[10] Vgl. beispielsweise Bd. VII S. 211 und 221 ff., Bd. XV S. 418

[11] Als einzelner Versuch erscheint das Verbot an die Gefangenen, den Empfang von Paketen zu bestätigen, die von Verbänden oder fremden Personen geschickt worden waren. – Unter besonders schweren Bedingungen lebten die Gefangenen im politischen Isolator Wladimir. Dort wurden ranghohe Soldaten und Beamte, darunter zahlreiche Diplomaten, festgehalten. Sie erhielten erst 1954 Pakete, nachdem die Existenz des Isolators bekanntgeworden war. Vgl. Borowitschi, Listen und Berichte S. 315–355.

[12] Zu ihnen gehört der mysteriöse Freitod des berühmten Olympia-Reiters Freiherr von Wangenheim.

[13] Über Leistungen und Wirkungen der Kulturarbeit gibt Bd. VI (W. Schwarz) Auskunft.

[14] Im Gegensatz hierzu fanden in Männer-Lagern des allgemeinen Strafvollzugs vielfach heftige Freudenausbrüche mit alkoholischen Exzessen statt. Vgl. W. Leonhard, Kreml ohne Stalin S. 35.

[15] Vgl. zum Vorstehenden W. Leonhard, Kreml ohne Stalin S. 12 ff.

[16] Vgl. Leonhard a.a.O. S. 59

[17] H. Diwald, Geschichte der Deutschen S. 94

[18] Von Januar bis August 1953 durchliefen nach Mitteilung der Lagerleitung nur vereinzelte Kriegsgefangene das Durchgangslager, erst der September brachte mit 1116 Heimkehrern reguläre Großtransporte.

[19] Vgl. Bd. IV (Ratza) S. 226 Tabelle 23

[20] Vgl. Bd. VII S. 97 und Karte 33. Es ist zweifelhaft, ob die MWD-Führung auf diese Weise das Restkontingent griffbereit zu schnellem Abtransport halten wollte (so Böhme Bd. XV S. 441), oder ob andere Absichten (Vereinfachung der Versorgung) zugrunde lagen.

[21] Näheres Stalingrad-Sammlung Nr. 42

[22] Als ein deutscher Objektleiter dem Prorap die Zahl der erschienenen Arbeitskräfte meldete, fragte dieser lachend: »Und wieviel Pinguine sind es heute?“ Offenbar hatte er vor Augen, daß die Pinguine stundenlang unbeteiligt und unbeweglich dastehen und sich nur zum Fressen rühren.

[23] Vgl. Leonhard a.a.O. S. 61 ff.

[24] Vgl. Ratza in Bd. IV S. 226, Tabelle 23 und S. 211

Schlußbetrachtung über die Ziele der sowjetischen Großaktion von 1949/1950 und die politische Nutzung des Verurteilten-Kontingents

Unter den Gefangenen war schon bald nach ihrer Verurteilung die Auffassung verbreitet, daß die Stalinsche Sowjetregierung mit den Kriegsverurteilungen eine kollektive Vergeltung an dem faschistischen Deutschland und seiner Wehrmacht üben wollte, bei der die Betroffenen nicht aufgrund von angeblichen Kriegsverbrechen, sondern wegen ihrer Zugehörigkeit zu einer politisch oder militärisch besonders gefährlichen Gruppe ausgewählt worden waren. Die Gefangenen schlossen dies aus ihrem eigenen Erleben, den überstürzten und mit üblen Mitteln geführten Untersuchungen, den Massenprozessen und Kollektivurteilen, vor allem aber aus den Urteilen selbst, denen unwahre und unbewiesene Beschuldigungen zugrunde lagen. Aber es war nicht die einzige Deutung des Geschehens. Andere Gefangene nahmen an, daß sich die Sowjetunion mit dem Block der zurückgehaltenen Kriegsgefangenen ein Menschenkontingent bereitgestellt hatte, das ihr als politisches Druckmittel dienen sollte. Die Urteile sollten nach ihrer Meinung das Festhalten der Gefangenen vor der Weltöffentlichkeit rechtfertigen. Beide Annahmen waren möglich, keine schloß die andere aus. Waren etwa beide Gesichtspunkte nebeneinander maßgebend gewesen: Vergeltung, vollzogen an »Faschisten« und »Militaristen«, und zugleich Bereitstellen eines politischen Faustpfandes?
Heute können wir aufgrund unserer größeren Erkenntnisse feststellen, daß die Kriegsverurteilten schon damals die Vorgänge richtig beurteilt haben. Beide von ihnen vertretenen Meinungen finden ihre Bestätigung.

Vergeltung

Im Rückblick fallen die Beharrlichkeit und die Entschlossenheit auf, mit denen die Stalin-Regierung nach der Verurteilung allen Bitten, Einwendungen und Interventionen begegnete. Das Erschrecken, die Empörung und die scharfe Ablehnung der Urteile in der deutschen Öffentlichkeit, die Verzweiflung in den betroffenen Familien, die leidenschaftlichen öffentlichen Proteste[1], alles ließ die Sowjetregierung kalt. Außer der Zulassung von Paketen, die im Grund im Interesse der Sowjetunion selbst lag, wurde nichts erreicht, die Sowjetregierung reagierte nicht.

Auf der gleichen Linie lag ihr Verhalten vor den Vereinten Nationen. Dort war auf Beschluß der Generalversammlung vom 14. 12. 1950 eine Sonderkommission für Kriegsgefangene, die sogenannte ad hoc-Kommission, eingesetzt worden. Sie sollte »die Frage der Kriegsgefangenen rein menschlich und unter für alle beteiligten Regierungen annehmbaren Bedingungen regeln«[2]. Die Sowjetunion stimmte von vornherein gegen die Einrichtung der Kommission und verweigerte in der Folge jede Mitarbeit. Der Bitte des Kommissionsvorsitzenden um Übersendung von Namenslisten der zurückgehaltenen Personen entsprach sie als einzige der ersuchten Regierungen nicht[3]. Eine Prawda-Notiz vom 31. 08. 1953 bezeichnete die Kommission sogar als »Betrüger-Kommission«.

Unter diesen Umständen nimmt es nicht wunder, daß auch die eingehenden und umfangreichen Bemühungen der deutschen Bundesregierung, durch Einschalten der Kommission die Lage der Verurteilten günstig zu beeinflussen, keinen nennenswerten Erfolg hatten. Die Bundesregierung konnte zwar ausgezeichnete Memoranden und sorgfältige Nachforschungsergebnisse über die vermißten deutschen Sowjetgefangenen und die Verurteilten vorlegen, die Kommission zeigte sich auch beeindruckt, eine direkte Wirkung auf die Sowjetregierung blieb aber aus[4].

Ähnlich muß auch die Wirkung der Auseinandersetzungen in der juristischen Publizistik über die Rechtmäßigkeit der Kriegsverbrecherprozesse auf die Sowjetunion beurteilt werden. Die um sich greifende Kritik am Londoner Statut und an den Kriegsverbrecherprozessen von Japan und auch von Nürnberg wurde in der Sowjetunion nicht als das genommen, was sie in Wirklichkeit war, nämlich als beginnender Durchbruch von Menschlichkeit und Gerechtigkeit im Sinne der in der GK 49 enthaltenen Grundsätze auch gegenüber dem einzelnen Angehörigen der unterlegenen feindlichen Kriegsmacht, sie wurde vielmehr als interner Gelehrtenstreit beiseite geschoben. Die sowjetische Seite versuchte im Gegenteil (Tainin u. a.), durch gegensätzliche Darstellungen die Entwicklung aufzuhalten und in ihrem Sinne zu beeinflussen.

Diese Vorgänge und unsere früheren Darstellungen rechtfertigen den Schluß, daß Stalin mit den Verurteilungen und der Strafvollstreckung

Vergeltung üben wollte. Diese Annahme steht in Einklang mit der mehrfach erwähnten Grundeinstellung des sowjetischen Diktators zu Hitler-Deutschland und seiner Wehrmacht[5]. Hart und entschlossen wehrte er sich gegen Einmischungen von außen, niemandem durfte Einblick gewährt werden. Daher auch die Verweigerung von Namenslisten für die ad hoc-Kommission. Die festgehaltenen Deutschen sollten nach seinem Willen zunächst einmal für das Unrecht büßen, das der Sowjetunion und ihm selber angetan worden war[6].

Aber das war nicht alles. Stalin wollte mehr als Vergeltung. Falls er die Absicht gehabt hätte, die Kriegsverurteilten umkommen zu lassen, hätte er sie nur einzeln in die sowjetischen Straflager, den Archipel Gulag, wie Solschenizyn sie zusammenfassend nennt, zu verschicken brauchen, ohne ihre Paketversorgung zuzulassen. Hunger und Arbeitszwang hätten für ein Hinwegsterben der Gefangenen gesorgt. Diesen leicht begehbaren Weg beschritt er nicht, er hielt die Kriegsverurteilten in ihren früheren Kriegsgefangenenlagern zusammen und ließ ihre Versorgung durch Heimatpakete zu. Der Schluß liegt nahe, daß er mit den festgehaltenen Deutschen Pläne durchführen wollte, die über die Vergeltung hinausreichten. Als Deutsche hatten sie vor allem Gewicht für ihre deutsche Heimat, damit in Stalinscher Sicht für die sowjetische Deutschlandpolitik. Stalin hat von der Möglichkeit ihres Einsatzes keinen Gebrauch gemacht. Wir wissen nicht, ob ihm die abgelaufene Zeit für die Vergeltung nicht genügte oder ob sich ihm kein lohnender Anlaß geboten hat.

Politisches Faustpfand

Teilrepatriierung zugunsten des Ulbricht-Regimes

Den überzeugenden Beweis für die Richtigkeit der These vom politischen Faustpfand brachten die Jahre nach Stalins Tod. Die Nachfolgeregierungen setzten das Verurteiltenkontingent, das sie in zwei gleiche Teile gliederten, zweimal zu überwiegend politischen Zwecken ein.

Den ersten Anlaß bot die politische Entwicklung in der Deutschen Demokratischen Republik, die zum Aufstand vom 17. Juni 1953 und seiner blutigen Niederschlagung, aber nicht zu einer Ablösung der Ulbricht-Regierung geführt hatte.

Die Einordnung der Repatriierung von 1953 und der vorangegangenen Ereignisse in unsere Untersuchung ist nicht allzu schwierig. Im Frühjahr 1953 war in Moskauer Regierungskreisen, wie mit hoher Wahrscheinlichkeit anzunehmen ist, bereits bekannt, daß es mit dem Ansehen der Ulbricht-Regierung bei der DDR-Bevölkerung keineswegs zum besten stand. Diese Erkenntnis und der aus ihr folgende verständliche Wunsch nach einer Hilfe für Ulbricht und seine SED-Regierung können für die Einleitung der Repatriierung die maßgebliche Rolle gespielt haben. Ebenso ist es aber auch möglich, daß humanitäre Erwägungen der Ausgangspunkt gewesen sind, zumal in der Sowjetunion gerade der politische Umbruch nach Stalins Tod begonnen hatte und die innersowjetische Amnestie vom März 1953 angelaufen war. Wir vermögen uns gleichwohl der letztgenannten Annahme nicht anzuschließen. Gegen sie spricht die von vornherein erkennbar gewesene Aufteilung des Gefangenenkontingents. Die von Beginn an durchgeführte Sortierung der Kriegsverurteilten und die Teilverlegungen in andere Lager redeten eine deutliche Sprache. Ist demnach schon im Anfang eine humanitäre Wurzel der Repatriierung nicht mit Sicherheit zu erkennen, so zeigt die weitere Entwicklung deutlich, daß politische Überlegungen im Vordergrunde standen. Nach den blutigen Ereignissen des Juni-Aufstandes, der sich nicht nur gegen die SED-Führung, sondern vor allem gegen den sowjetischen Einfluß richtete, hatte sich in der DDR eine Situation herangebildet, die in offensichtlichem Widerspruch zum sozialistischen Wunschbild stand. Moskau mußte etwas unternehmen, um das Vertrauen der Bevölkerung zurückzugewinnen oder wenigstens die angestaute Erbitterung aufzulösen. Hierzu bot sich in erster Linie die Weiterführung der nach dem 17. Juni angehaltenen Repatriierung an. Eine großzügige Entlassung von deutschen Kriegsgefangenen, auf deren Heimkehr Zehntausende von Familien in beiden Teilen Deutschlands sehnsüchtig warteten, konnte die Stimmung der Bevölkerung und ihre Einstellung zur Sowjetunion wesentlich verbessern. Sollte eine solche Entlassungsaktion aber innerpolitische Früchte tragen, so mußte sie in den Augen der DDR-Bürger als Verdienst der Ulbricht-Regierung erscheinen. Das Problem wurde geschickt angepackt. Man ließ unter Rollenteilung die DDR-Regierung als Vorkämpferin für die Rückführung der Kriegsverurteilten auftreten. Im August kamen ihre Vertreter nach Moskau, angeblich auf ihre Bitte kam der »Modus« zustande, die Absprache, nach der die Sowjetunion die deutschen Kriegsverurteilten von der weiteren Verbüßung ihrer Strafen befreite, ausgenommen waren nur besonders schwere Verbrecher[7].

10000 Kriegsgefangene durften heimkehren, ein Erfolg, der, wie der Öffentlichkeit immer wieder klarzumachen versucht wurde, ausschließlich der DDR zu verdanken war, womit nur der halben Wahrheit die Ehre gegeben wurde, denn zunächst hatte der 17. Juni 1953, der mit Sicherheit auf das Konto der Ulbricht-Regierung ging, zum Stop einer bereits eingeleiteten Repatriierung geführt. Die Glaubwürdigkeit der Menschlichkeitsgeste wurde allerdings dadurch nahezu hinfällig, daß die Hälfte der Gefangenen zurückbehalten wurde.

Die Aufteilung der Kriegsverurteilten läßt bei näherer Betrachtung Hintergründe erkennen, die mit Menschlichkeit nur wenig zu tun haben. Zunächst konnte in der Tat der Eindruck entstehen, der Abbau des Gefangenenkontingents sei Ausdruck einer neuen Denkungsart, stelle ein Sichabsetzen von Stalinschen Gewaltaktionen dar. Mit dieser auf Humanität zielenden Deutung ist nur schwer vereinbar, daß die neue Sowjetregierung behauptete, sie habe bei ihrer Auswahl zwischen Verbrechern je nach der Schwere ihrer Taten unterschieden und die schweren Fälle zurückbehalten, die seltsamerweise genau die Hälfte des Gesamtkontingents ausmachten. Niemand mochte der Sowjetregierung diese Erklärung abnehmen. Humanität schaut vor allem auf die Menschen, weniger auf die Taten. Hiermit stellte sie klar, daß für sie alle deutschen Kriegsverurteilten zu Recht bestrafte Kriegsverbrecher waren und blieben. Trotzdem müssen wir nicht glauben, daß die Ursache für diese Haltung die Überzeugung war, die MWD-Justiz habe gerechte Urteile gegen die damaligen Kriegsgefangenen gefällt. Die große Sofort-Amnestie für Sowjetbürger nach Stalins Tod spricht gegen eine Justizgläubigkeit. Aber was auf dem innenpolitischen Feld möglich war, mußte es nicht ebenfalls in der Kriegsverurteiltenfrage sein. Hier ging es auch um die sowjetische Außenpolitik, sie durfte durch neue Maßnahmen nicht desavouiert werden. Andernfalls, so etwa mögen Überlegungen gegangen sein, würde das Ansehen der Sowjetunion in der Welt Schaden nehmen. Wahrscheinlich wollte die Sowjetregierung weder in der Welt noch in der eigenen Bevölkerung Unsicherheit aufkommen lassen. Das seit einem Jahrzehnt geltende Deutschlandbild der Hitlerzeit und des Krieges sollte bestehen bleiben, und zu ihm gehörten Greueltaten der Deutschen im großen vaterländischen Krieg. Wir neigen zu der Annahme, daß sich in unserer Frage die Pragmatiker der Sowjetregierung durchgesetzt haben. Man hatte ein gewichtiges Pfand in der Hand. War es denn sicher, daß sich die Juni-Krise nicht wiederholen würde? Konnte nicht noch einmal eine Beruhigungsphase notwendig werden? Die Politik ist ein hartes Geschäft. Man mußte das Pfand so weit wie möglich nutzen, durfte es auch nicht auf einmal ganz aus der

Hand geben. Im übrigen würde der Wert des Pfandes mit dem Ablauf der Zeit nicht sinken, sondern zunehmen, wie die Vergangenheit gezeigt hatte.

Wir tragen diese Überlegungen, für deren reale Existenz natürlich keine aktenmäßigen Unterlagen vorliegen, vor, um zu einem Verständnis zu kommen, warum nach dem Ende der Stalin-Ära die Rechtmäßigkeit der Kriegsverurteilungen nicht in Frage gestellt worden ist und die Kriegsverurteilten nur zur Hälfte repatriiert worden sind. Es ist nicht von der Hand zu weisen, daß die neuen Machthaber glaubten, die Realitäten der sowjetischen großen Politik mit ihrem Streben nach Weltgeltung und ihren weltweiten Planungen ließen keine andere Wahl, als auf den Kriegsverbrecherurteilen zu beharren und das menschliche Pfand möglichst umfassend zu nutzen. Es darf nicht übersehen werden, daß ein grundsätzliches Brechen mit einer Politik, die man selbst mitgetragen hatte, Überzeugung und Mut voraussetzte. Beide bedurften einer gewissen Zeit, um wieder zur eigenen Maxime werden zu können. Die Entstalinisierung war erst im Anfang, als der 17. Juni hereinbrach, vielleicht hatten die Stalin-Nachfolger bei der Abrede des »Modus« im August 1953 noch nicht die innere Sicherheit gefunden, die eine sofortige Gesamtlösung der Kriegsverurteiltenfrage möglich machte. Wir wissen es nicht. Jedenfalls kam bei der August-Regelung die Humanität zu kurz. Das Leid von zahllosen Familien wurde verlängert, die Bedrängnisse von 10000 Kriegsverurteilten, die ihre Nichtschuld ständig behauptet hatten, gingen weiter. Und dies, nachdem seit Kriegsende acht Jahre verflossen waren. Das Faustpfand sollte offenbar noch ein weiteres Mal für politische Zwecke genutzt werden[8].

Restrepatriierung gegen Botschafteraustausch

Als nächstes Ziel ihrer Deutschlandpolitik steuerte die neue Sowjetregierung das Aufbrechen der Abwehrhaltung der Westdeutschen an. Sie wollte in der deutschen Bundesrepublik Fuß fassen. Für die Weiterführung ihrer Deutschland- und Europapolitik brauchte sie die ständige Präsenz in Bonn, allein schon, um stets unterrichtet zu sein und selbst mit ihrem vollen politischen Gewicht Einfluß nehmen zu können. Die Einrichtung einer Sowjetbotschaft in der Bundesrepublik Deutschland war dringend notwendig.

Im Juni 1955 lud sie daher Bundeskanzler Adenauer zu dem berühmt gewordenen, geschichtlich bedeutsamen Moskau-Besuch ein, der im September zustande kam. Wir können uns seine Darstellung im einzelnen ersparen, über ihn liegen zahlreiche Meldungen und Berichte, darunter von unmittelbar Beteiligten, vor. Wir verweisen auf den Bericht von Kurt W. Böhme über »die Endphase 1950–1956« in Band XV der Dokumentation[9]. Dort ist die Geschichte der Heimholung der verurteilten Kriegsgefangenen eingehend und in Ausdeutungen und Wertungen überzeugend geschildert.

Wir heben die für unsere Beurteilung der Großaktion von 1949/50 besonders aufschlußreichen Ereignisse nochmals hervor.

Die sowjetische Einladung nannte als Verhandlungsgegenstand die Normalisierung der Beziehungen zwischen der UdSSR und der Bundesrepublik Deutschland (diplomatische Kontakte, Verbesserung der Handelsbeziehungen, Kulturaustausch). Die deutsche Seite führte neben dem Hauptanliegen, der deutschen Wiedervereinigung, die Entlassung der verurteilten Kriegsgefangenen in die Verhandlungen ein. Damit waren die Weichen gestellt, Forderung und Gegenforderung waren genannt, die Auseinandersetzungen um Wert und Gegenwert der beiderseitigen Leistungen begannen.

Die Sowjetvertreter zeigten sich als geschickte Taktiker. Sie hatten mehrere Forderungen, aber nur eine Gegenleistung von unmittelbarer Bedeutung. Sie mußten daher ihre Leistung, die Freigabe der Kriegsverurteilten, wertmäßig hochschrauben. Ihr Interesse an der Fortsetzung des Strafvollzuges mußte möglichst als moralische Pflicht dargestellt werden. Je schlimmer die Straftaten, desto notwendiger die volle Strafe und desto höherwertiger der Verzicht. So hielten sie nicht nur an der Behauptung fest, die verbliebenen Kriegsgefangenen seien besonders schwere Kriegsverbrecher, Bulganin nannte sie sogar »Menschen, die ihr Menschengesicht verloren haben. Das sind Gewalttäter, Brandstifter, Mörder von Frauen, Kindern und Greisen«[10]. Chruschtschow hieb in dieselbe Kerbe. Er nannte sie »Kriegsverbrecher, die ungeheure Greueltaten gegen das sowjetische Volk, das polnische Volk, das ungarische, das bulgarische, das rumänische und andere Völker verübt haben«[11]. Nach unserem heutigen Wissensstand von der rechtlichen Unhaltbarkeit der Masse der Verurteilungen erscheinen diese Äußerungen als weit überzogen. Wir können auch unsere Zweifel an der Echtheit der Zornesausbrüche Chruschtschows nicht ganz unterdrücken, weil zur gleichen Zeit das Präsidium des Obersten Sowjets eine Amnestie für Sowjetbürger vorbereitete, die wegen Dienstes in der deutschen Armee, in der Polizei und deutschen Sonderformationen verurteilt worden waren[12]. Aber die sowjetischen Vertreter glaubten wohl, scharf formulieren zu müssen, weil sie noch eine weitere, für sie wichtige Forderung hatten. Sie verlangten die Beteiligung der DDR-Regierung an der Moskauer Konferenz mit der Begründung, die Gefangenenfrage betreffe beide Teile Deutschlands[13].

Mit dieser Doppelstrategie hatte die Sowjetseite den Bogen überspannt. Die Beteiligung der DDR-Regierung war für Adenauer unannehmbar, im Falle der Zustimmung hätte er einen Grundsatz der bisherigen deutschen Außenpolitik aufgegeben, der seit Bestehen der Bundesrepublik richtungsweisend war: den Alleinvertretungsanspruch für Gesamtdeutschland. War schon das Beharren auf schwersten Kriegsverbrechen der verurteilten deutschen Soldaten, ja das Hochschrauben ihrer Schuld für Adenauer schwer zu ertragen – er war über die wirkliche Rechtssituation unterrichtet –, die weitere Forderung überschritt die Grenze der Zumutbarkeit, für ihn war das Ende der Verhandlungen gekommen. Er ließ daher die Flugzeuge für den Rückflug der Delegation anfordern. Das Gespräch wurde offen geführt und ist, wie von vornherein eingerechnet war, von sowjetischer Seite abgehört worden[14].

Nun kam die Wende, Bulganin und Chruschtschow lenkten ein. Am Rande des großen Banketts im Kreml zu Ehren des deutschen Kanzlers und der deutschen Delegation fand das berühmte Gespräch statt, in dem Bulganin eine Einigung dahin anbot, nach Zusage der Aufnahme diplomatischer Beziehungen durch die Bundesrepublik Deutschland alle Kriegsgefangenen heimzuschicken. Chruschtschow bestätigte das Angebot: »Wir können keine schriftlichen Garantien geben, aber wir geben Ihnen unser Ehrenwort«[15]. Adenauer verließ sich auf die mündliche Zusage und entschloß sich zur Fortsetzung der Verhandlungen. Sie führten bekanntlich zur Aufnahme diplomatischer Beziehungen zwischen beiden Staaten, zur Errichtung von Botschaften in Bonn und Moskau, nicht aber zu Fortschritten in der deutschen Wiedervereinigung, die Moskau stets als Angelegenheit der beiden deutschen Staaten bezeichnet hatte. Damit hatte die Sowjetunion in der Hauptsache das erreicht, was sie wollte. Ihren Erfolg verdankte sie vor allem dem Einsatz ihres menschlichen Faustpfandes, der Entlassung der 10000 Gefangenen aus der Strafhaft. Auf dem angesprochenen für sie wichtigen Teilgebiet blieb sie nahezu erfolglos. Es gelang ihr nicht, die DDR als Initiator, den eigentlichen Vater der Gefangenenbefreiung darzustellen. Unmittelbar nach Adenauers Abreise traf eine DDR-Delegation unter Wilhelm Pieck in Moskau ein. Ihr gab die Sowjetregierung, was sie Adenauer verweigert hatte: die schriftliche Zusage für die sofortige Repatriierung aller ehemaligen Kriegsgefangenen. Vorausgegangen war ein Brief Wilhelms Piecks vom 31.08.1955, also eine gute Woche vor Konferenzbeginn, in dem er um wohlwollende Prüfung der Gefangenenentlassung gebeten und tiefe Dankbarkeit des ganzen deutschen Volkes in Aussicht gestellt hatte[16]. Die Öffentlichkeit nahm von diesem nachträglichen Vorgang kaum Kenntnis, als Befreier galt überall Bundeskanzler Adenauer. Die beabsichtigte erneute Aufwertung der DDR-Regierung, ähnlich der des Jahres 1953, war mißlungen.

Den Preis für die Gefangenen zahlte allein die deutsche Bundesrepublik. Der Preis schien damals hoch. Heute ist allgemein anerkannt, daß auf die Dauer ein getrenntes, von feindseliger Abneigung getragenes Nebeneinander von Bundesrepublik und Sowjetunion nicht haltbar und nicht zweckmäßig war, eine Verständigung mußte kommen. So gesehen war das Konferenzergebnis nicht schlecht, zumal außer den Kriegsverurteilten auch die Zivilinternierten in die Abreden eingeschlossen waren.

Einen Schönheitsfehler hatte die Moskaulösung. Für die repatriierten Kriegsverurteilten gab es kein förmliches Amnestiegesetz wie etwa für die Japaner im Jahre 1956. Das Fehlen hat jedoch u. E. keine grundsätzliche Bedeutung und beruht auf einem Entschluß der deutschen Vertreter in Moskau. Angesichts neuerer Befürchtungen in dieser Hinsicht[17] sind einige Hinweise geboten.

Während des Staatsempfangs im Kreml hatte Chruschtschow in seinem Gespräch mit Bundeskanzler Adenauer für den Fall der Aufnahme diplomatischer Beziehungen erklärt:

»Wir geben Ihnen hiermit unser Gentleman-Ehrenwort (džentelmenskoje slovo), daß wir alle zurückgehaltenen Personen entlassen und zurücksenden werden, und zwar: entweder unter Zugrundelegung eines Amnestie-Verfahrens – oder indem wir Ihnen sofort alle übergeben, und Ihre Regierung kann mit ihnen verfahren, wie sie will, nach Ihren Gesetzen«[18].

Diese Chruschtschow-Erklärung ist als grundlegend anzusehen, auf ihr ist das Rückführungsabkommen aufgebaut worden. Für sie ist u. E. die folgende Ausdeutung geboten: Chruschtschow hat die Repatriierung der Kriegsverurteilten ohne Vorbehalte angeboten. Die von ihm genannte Alternative »Amnestie oder sofortige formlose Übergabe» bezog sich auf die Durchführungsmodalitäten, auf das anzuwendende Verfahren, stellte aber keineswegs zwei inhaltlich verschiedene Repatriierungen zur Auswahl. Der deutschen Seite wurde damit ein Wahlrecht für das »Wie« zwischen zwei gleichwertigen Möglichkeiten eingeräumt. Es steht außer Frage, daß eine Amnestie jede weitere Strafvollstreckung ausgeschlossen hätte, denn Amnestie ist Straferlaß. Die gleiche tatsächliche Wirkung muß auch von beiden Seiten der Sofortlösung beigemessen worden sein. Wenn nur die geringste sowjetische Verschleierungstaktik erkennbar gewesen wäre, hätte Adenauer und vor allem jener Teil seiner Delegationsmitglieder, die einer mündlichen Abrede grundsätzlich mißtrauten, auf einer Klärung bestanden. Nach dem Ablauf der Verhandlungen, die hart, aber offen geführt wurden, muß angenommen werden, daß die Repatriierungsabrede, ob mit oder ohne förmliche Amnestie, eine endgültige Lösung für die Bundesrepublik und eine endgültige Befreiung für den einzelnen Gefangenen bringen sollte und daß dies dem gemeinsamen Willen beider Parteien entsprach[19].

Adenauer nahm von einem Amnestieverfahren wohl vor allem Abstand, weil die ebenfalls angebotene Sofortlösung den Vorteil unbürokratischer schneller Rückführung der Kriegsverurteilten in beide Teile Deutschlands bot. Wir dürfen ferner annehmen, daß die Wahl Adenauers auch der Sowjetregierung genehm gewesen ist, weil sie mit der Form von 1953 übereinstimmte und vielerlei bürokratische Maßnahmen einschließlich der Beteiligung der MWD-Justizorgane überflüssig machte. Das später bedauerte Fehlen eines sowjetischen Amnestiegesetzes oder -erlasses beruht somit auf der eigenen Entscheidung Adenauers.

Wir vertreten in der Frage der Wirkung der Repatriierungsabrede folgende Meinung:

Die Sowjetunion hat die kriegsverurteilten deutschen Kriegsgefangenen aufgrund von zwischenstaatlichen Abreden (mit der DDR im Jahre 1953, mit beiden deutschen Staaten im Jahre 1955) vorbehaltlos aus der Strafhaft entlassen und sie aus dem sowjetischen Hoheitsgebiet in ihr deutsches Heimatland zurückgeführt. Damit hat die Sowjetunion in beiden Fällen rechtlich und tatsächlich auf eine weitere Strafvollstreckung durch ihre eigenen Organe gegenüber beiden deutschen Staaten verzichtet. Das gilt auch für die gesondert übergebenen 749 Kriegsverurteilten. In diesen Fällen erwartete die Sowjetregierung, ohne daß eine ausdrückliche Verpflichtung festgelegt worden ist, ein Tätigwerden deutscher Gerichte. Das ist in einigen Fällen geschehen, in den meisten nicht, da keine Beweise vorlagen und die Sowjetregierung die versprochenen Aktenunterlagen nicht übergeben hat[20].

Spätere Erinnerungen wegen der 749 sogenannten Nichtamnestierten sind weder von deutscher Seite (Aktenübersendung), noch von sowjetischer Seite (Durchführung von Prozessen) bekannt geworden.
Wir können als Ergebnis unserer letzten Betrachtung festhalten: Die Sowjetregierung hat auf der Moskauer Konferenz noch viel deutlicher als im Jahre 1953 den Block der Kriegsverurteilten für eindeutig politische Zwecke eingesetzt. Die These vom politischen Faustpfand ist bestätigt worden. Daß auf der Sowjetseite für die Freigabe der letzten Gefangenen die Humanität, das Mitgefühl mit den betroffenen Familien, ausschlaggebend gewesen sei, wie Chruschtschow behauptete, vermag nur anzuerkennen, wer an die Schuld der Kriegsverurteilten und an die Richtigkeit der MWD-Urteile glaubt. Wir vermögen es nicht, weil wir wissen, warum und wie die Urteile zustande gekommen sind: vier Jahre nach Kriegsende haben MWD-Tribunale auf Befehl Stalins in einer nachgeschobenen Großaktion nahezu 27000 kriegsgefangene Soldaten zu schweren Kriegsverbrechern erklärt und sie mit Höchststrafen belegt. Einige von ihnen mögen schuldig gewesen sein, die große Masse war es nicht. Diese Gefangenentragödie dauerte länger als ein halbes Jahrzehnt. An ihrem Anfang stand Stalinsche Rachsucht und Unmenschlichkeit, an ihrem Ende wohl Humanität, aber eine von politischem Kalkül mitbestimmte Humanität. Gleichwohl sei dankbar vermerkt, daß die Freigabe der Kriegsverurteilten ein dunkles Kapitel der Nachkriegszeit beendet, in weitem Maße der Menschlichkeit gedient und zum Abbau von Groll und Bitterkeit im deutschen Volke beigetragen hat.
Die Kriegsverurteilten freilich werden sich weiter damit abfinden müssen, ohne eine offizielle Rehabilitierung zu bleiben. Es mag ihnen eine Genugtuung sein, daß unsere Ablehnung der MWD-Urteile als gegen Gesetz und Recht verstoßend von der westdeutschen Fachwelt geteilt wird und in unserer Öffentlichkeit allgemeine Überzeugung geworden ist. In Deutschland gelten die Verurteilten nicht als Kriegsverbrecher, sondern als verspätet entlassene Kriegsgefangene mit allen aus dieser Eigenschaft sich ergebenden Rechten[21].
Als Abschluß sei hier an den Schwur von Friedland erinnert, jenen Vorgang, der sich am 13. Dezember 1955 im Lager Friedland ereignet hat. An diesem Tage kam der vorletzte Transport mit 596 Kriegsverurteilten in Friedland an. Die Männer waren tief verstört, ihr Heimtransport war unterwegs angehalten, sie selbst waren ausgeladen, erneut in einem Lager festgesetzt und erst nach acht bitteren Wochen weiterbefördert worden.

Der Schock saß den meisten noch in den Gliedern, als sie in Friedland empfangen wurden und nun auf dem weiten Lagerplatz standen, von Angehörigen und Teilnehmenden dicht umringt, ihre kleine Habe neben sich, mit Blumensträußen in den Händen. Sie hörten die Ansprachen zu ihrer Begrüßung und lauschten der Friedlandglocke, dem ersten Glokkenklang nach mehr als einem Jahrzehnt. Ihre Herzen waren tief bewegt, von Dank an Gott erfüllt. Ein Kriegsverurteilter trat hervor, um für die Heimgekehrten zu sprechen. Es war Professor Dr. Dr. Schenck, den die Kameraden gebeten hatten, auf die Begrüßungsansprachen zu erwidern. Er war zunächst zu ergriffen, um sich richtig ausdrücken zu können, wie er später berichtet hat, und sprach Worte des Dankes, die sich anboten. Dann aber, vor der Masse der Kameraden stehend, erkannte er, daß er mehr als nur Dank sagen müsse. Im Augenblick dieser Erkenntnis wurde er vom bloßen Sprecher seiner Schicksalsgenossen zu ihrem Munde – so schildert er es selbst. Mut flog ihm zu, er hob die Rechte und sprach, getragen vom gewaltigen Strom der gemeinsamen Erlebnisse und Empfindungen den Schwur von Friedland, der von den Männern auf dem weiten Platz mit hochgestreckter Schwurhand nachgesprochen wurde. Das Tonband hat ihn festgehalten:

»Vor dem deutschen Volke und bei den Toten der deutschen und sowjetischen Wehrmacht schwören wir, daß wir nicht gemordet, nicht geschändet und nicht geplündert haben. Wenn wir Leid und Not über andere Menschen gebracht haben, so geschah das nach den Gesetzen des Krieges«[22].

---

1 Vgl. den Aufruf von Bischof D. Heckel in Anl. 4.
Siehe auch Böhme in Bd. XV S. 420.

2 Bd. VII S. 303.

3 a.a.O. S. 305.

4 Näheres über die Aktivitäten der deutschen Bundesregierung und die Arbeit der Kommission ist zu finden in Bd. VII Abschn. IV,2 S. 134–141 und im Bericht an den Generalsekretär der VN vom 18.09.1953 a.a.O. S. 301–316.
Siehe auch Böhme in Bd. XV S. 420.

5 Vgl. vorn S. 23.

6 Nur so ist der Vorbehalt der Ostblockstaaten zu Art. 85 des III. Genfer Abkommens vom 12.08.1949 zu verstehen (keine Vergünstigungen wie sonst vorgesehen für deutsche Kriegsgefangene).

7 Vgl. auch Böhme in Bd. XV S. 441.
Einzelheiten in »Neues Deutschland« vom 25.09.1953.

8 Auch Böhme (Bd. XV S. 426–428) deutet unter besonderem Hinweis auf die Normierung der Verurteilungen und den ungewöhnlichen Strafvollzug das Zurückhalten der Kriegsgefangenen als Bereitstellen eines quantitativ glaubwürdigen Faustpfandes. Diese Wertung ist weit verbreitet und kann als allgemein gelten.

[9] Bd. XV S. 415ff. Zur allgemeinen politischen Ausgangslage vgl. Hans Koch, die deutsch-sowjetische Konferenz von Moskau, Konstanz 1955 S. 17ff.; Teile in Bd. XV S. 442/43.

[10] Konrad Adenauer, Erinnerungen 1953–1955, Stuttgart 1966 S. 506; zitiert in Dokumentation Bd. XV S. 423.

[11] Adenauer, S. 541, Bd. XV S. 424.

[12] Vgl. Leonhard a.a.O. S. 111.

[13] Bd. XV S. 423.

[14] Vgl. Felix v. Eckardt, Ein unordentliches Leben, Düsseldorf/Wien 1967 S. 398.

[15] Die gesamte Erklärung ist nachzulesen in Bd. XV S. 424/25.

[16] Bd. XV S. 443.

[17] Vgl. »Heimkehrer« vom 25.01.1979 S. 1/2 »Heimkehrer reisen in die UdSSR auf eigenes Risiko«. Dort ist mitgeteilt: »Eine amtliche Prüfung der ›Amtl. sowjetischen Erklärung über Freilassung und Repatriierung deutscher Bürger‹« vom 29.09.1955 (TASS) hat auf hoher Ebene die Vermutung verdichtet, »daß bei der Mehrzahl der in der Sowjetunion wegen angeblicher Kriegsverbrechen verurteilten und später entlassenen deutschen Kriegsgefangenen formal lediglich eine Aussetzung der Strafe vorliegt«.

[18] Koch a.a.O., zitiert nach Bd. XV S. 424/425.

[19] Die Befürchtung, daß die im Sofortverfahren durchgeführte Entlassung nur ein vorläufiges Aussetzen der Strafvollstreckung bedeute, ist mit dem wahlweisen Angebot eines Amnestieverfahrens unvereinbar und widerspricht dem Moskauer Verhandlungsinhalt.

[20] Angesichts dieser von uns geschilderten Lage darf u. E. von der derzeitigen Sowjetregierung keine ausdrückliche Klarstellung der rechtlichen Situation der Kriegsverurteilten erwartet werden. Die Situation ist eindeutig, eine Erklärung aus sowjetischer Sicht überflüssig. In dem Vierteljahrhundert nach der Repatriierung ist kein Fall bekannt geworden, in dem ein Heimgekehrter zur Fortsetzung seiner Strafhaft erneut verhaftet worden ist.

[21] Die DDR hat 1953 angekündigt, sie werde die vorzeitig entlassenen Kriegsverurteilten als gleichberechtigte Bürger aufnehmen (vgl. Bd. XV S. 440/441). Einzelheiten über die Durchführung sind nicht bekannt.

[22] Vgl. Prof. Schenck in »Der Heimkehrer« v. 15.12.1979 S. 8.

Anlagen

Anlage 1

Die nachstehend auszugsweise wiedergebene Notiz ist erschienen im Rundbrief Nr. 90, Ziffer 2, des Arbeitskreises der Heimkehrer und Kriegsgefangenen-Angehörigen des Lagers Borowitschi (UdSSR) vom 10. 12. 1972. (Verantwortlich Helmuth von Dreßler)

Dokumentation der Kriegsverurteilungen

Obwohl es sinnvoll gewesen wäre, auch die dokumentarische Bearbeitung der Kriegsverurteilungen, d.h. Verurteilung deutscher Kriegsgefangener in fremden Gewahrsamsländern der WK zu überlassen, hatte sich diese 1957 die Zentrale Rechtsschutzstelle des Auswärtigen Amtes vorbehalten. Zwei ehemalige Oberlandesgerichtsräte, die auch in sowjetischer Gefangenschaft gewesen waren, wurden mit der Bearbeitung beauftragt. Durch ihren vorzeitigen Tod blieb die Arbeit unvollendet. Das von ihnen bis dahin zusammengetragene Material wurde dann von Prof. Maschke durch Verlagerung nach München in die Geschäftsstelle der WK sichergestellt. Er durfte es aber nicht bearbeiten. 1968 richtete dann das AA in Bonn eine Dokumentationszentrale für die Bearbeitung der Kriegsverurteilungen unter Leitung des Ministerialdirektors a.D. Dr. Raab ein, an die von der WK das Material zurückgegeben wurde. Diese Dokumentationszentrale begann ihre Tätigkeit mit der Bearbeitung der Gewahrsamsländer, die nur eine geringe Zahl von Kriegsverurteilungen aufzuweisen hatten. Das waren Dänemark und Griechenland. Wann das wichtigste Land der Kriegsverurteilungen, die Sowjetunion, zur Bearbeitung kommen sollte, war im Januar 1969 noch gar nicht abzusehen. Bereits im Jahre 1971 wurde die Dokumentationszentrale wieder aufgelöst und das bisher angefallene Material im politischen Archiv des AA eingelagert.

Anlage 2

Liste der im Lager 7270/3 (Borowitschi) verurteilten Stabsoffiziere (Auszug aus »Entstehen und Wirken« Geschichte des Arbeitskreises 1947–1957, Herausgeber Arbeitskreis der Heimkehrer und Kriegsgefangenen-Angehörigen des Lagers Borowitschi UdSSR, verantwortlich Helmuth von Dreßler. Satz und Druck F. Flothmann KG, Kettwig 1968)

Vorwort

In den ersten Jahren der Gefangenschaft konnte man aus den Vernehmungen, Einzelverhaftungen und Prozessen den Eindruck gewinnen, daß die sowjetischen Strafbehörden des MWD den Nachweis einer nach Ort und Zeit bestimmten Tat verlangten. Ab Anfang November 1949 wurde jedoch eindeutig klar, daß deutsche Offiziere und Soldaten von der Sowjetunion nur aufgrund ihrer Dienststellung, Truppenzugehörigkeit oder des Aufgabenbereichs kollektiv – ohne Feststellung einer persönlichen Schuld – als Kriegsverbrecher betrachtet und verfolgt wurden.
Um den Anschein des Rechts zu wahren, wurden die einzelnen Anklagen aufgrund der in unserem Bericht angeführten Verfügung bzw. der genannten Paragraphen erhoben.
Die erste große Verhaftungswelle mit folgender Anklageerhebung durch den Staatsanwalt fand in der Zeit von Anfang November bis 26. November 1949 statt. Die zweite Verhaftungswelle lief von Anfang Dezember bis 22. Dezember 1949. Sie erfolgte (auch nach Aussagen von Russen) auf Befehl Moskaus nach Eintreffen eines Justizobersten aus Moskau. In dieser Liste sind die einzelnen Kategorien zusammenhängend aufgeführt. Sofern man den Verurteilten eine andere als die Kollektivschuld vorgeworfen hat, ist dies jeweils bei der Einzelperson vermerkt. Diese Einzelfälle gehören alle in die erste Verhaftungszeit.

1. Richter und Hilfspersonal
   Alle 40 im Lager 7270 befindlichen Richter und zwei Justizamtmänner wurden in der Zeit vom 27. November 1949 bis 22. Dezember 1949 verhaftet. Die Gründe der Verhaftungen wurden uns durch Kassiber aus der Zelle übermittelt. Den Kriegsrichtern wurden bei Beginn der Vernehmungen der Haftbefehl und die Beschuldigungen bekanntgegeben. Die Kriegsrichter und zwei Justizamtmänner wurden unter Anklage gestellt, weil sie sich des Verbrechens nach § 58 Ziffer 4, des russischen Strafgesetzbuches schuldig gemacht haben sollten.
   § 58,4 besagt (unter dem Gesamtkapitel: Konterrevolution, Umtriebe), daß Personen, die ein sowjetfeindliches System unterstützen und da-

durch der Sowjetunion Schaden zufügen, mit fünf bis 25 Jahren Arbeits- und Besserungslager bestraft werden können.
Namen und Personalangaben........... (Ziff. 1–42).

2. Generalstab
Von den Generalstäblern wurden alle im Range eines Obersten oder Oberstleutnants verurteilt. Nur fünf jüngere Generalstäbler im Range eines Majors wurden entlassen. Außer der kollektiven Schuld machte der Russe den Versuch, dem einzelnen ein Verbrechen nachzuweisen. Diese Fälle sind bei den betreffenden Namen der nachfolgenden Liste angegeben.
Die Verurteilung erfolgte in den meisten Fällen nach § 17 in Verbindung mit § 1 der Verordnung vom 19. April 1943.
.... (Ziff. 43–72).

3. Pionierkommandeure und Kommandeure von Baueinheiten
Die Kommandeure von Pionier- und Baueinheiten haben befehlsgemäß in ihren Einheiten Zivilisten beschäftigt, die ihnen zugewiesen und bezahlt wurden. Die Kommandeure wurden gemäß § 17 in Verbindung mit der Verordnung vom 19. April 1943 angeklagt.
Die Fälle, in denen eine andere Anklage vorliegt, sind angeführt.
.... (Ziff. 73–89).

4. Stabsoffiziere von Sicherungseinheiten einschließlich der Geistlichen von Sicherungsdivisionen
Die Sicherungseinheiten waren zum Schutz des rückwärtigen Raumes geschaffen und schützten ihn vor Partisanenüberfällen. Zwangsläufig kam es hierbei mit Partisanenbanden zum Kampf. Obwohl keineswegs alle Sicherungseinheiten im Partisanenkampf gestanden haben, wurden die Angehörigen von Sicherungseinheiten kollektiv gemäß § 17 in Verbindung mit der Verordnung vom 19. April 1943 angeklagt. Sonderfälle sind angegeben.
.... (Ziff. 90–102).

5. Kommandeure von Landesschützenbataillonen
Landesschützenbataillone wurden u. a. auch zur Bewachung von Gefangenenlagern eingeteilt. Ohne Rücksicht, ob ihre Bataillone in diesem Dienst gestanden haben, wurden die Kommandeure gemäß § 17 in Verbindung mit der Verordnung vom 19. April 1943 angeklagt wegen Zugehörigkeit zu einer verbrecherischen Organisation.
.... (Ziff. 103–104).

6. OT-Führer, Heeresbauräte, Sonderführer der Landwirtschaft, des Forstwesens und Beamte der Armee-Arbeitsämter
Verurteilung erfolgte wegen zwangsweiser Beschäftigung von Zivilisten gemäß § 17 in Verbindung mit der Verordnung vom 19. April 1943, ohne Rücksicht darauf, ob die Zivilisten von den Verurteilten geworben oder ob die den Einheiten zugeteilten und bezahlten Zivilisten beschäftigt wurden.
.... (Ziff. 105–117).

7. Fliegerhorstkommandanten
Auf den Fliegerhorsten wurden bezahlte freiwillige Zivilarbeitskräfte beschäftigt. Beim Zurücknehmen der Front wurden die Flugplatzanlagen zerstört. Die Horstkommandanten wurden wegen Beschäftigung von Zivilisten und Zerstörung sowjetischen Eigentums gemäß § 17 in Verbindung mit der Verordnung vom 19. April 1943 angeklagt.
.... (Ziff. 118–120).

8. Stabsoffiziere der Marine aus Libau und Windau
Als der Ring um Kurland immer enger wurde, flüchteten die Balten vor den Russen. Da der Landweg nach dem Westen unterbrochen war, wurde ein Teil dieser Balten auf ihr Drängen auf dem Seeweg abtransportiert. Hierbei konnten sie ihr persönliches Gepäck mitnehmen.
Die Stabsoffiziere der Marine (mit einer Ausnahme) wurden verurteilt wegen Teilnahme am Transport von Sowjetgütern und zwangsweiser Evakuierung von Sowjetbürgern gemäß § 17 in Verbindung mit der Verordnung vom 19. April 1943.
.... (Ziff. 121–124).

9. Intendanten
Sämtliche Intendanten (ausgenommen zwei heimgekehrte Intendanten, die aus der mittleren gehobenen Beamtenlaufbahn hervorgegangen waren) wurden wegen Entnahme aus dem Lande gemäß § 17 in Verbindung mit der Verordnung vom 19. April 1943 verurteilt.
.... (Ziff. 125–141).

10. Nachschubführung
Die Kommandeure von Nachschubeinheiten wurden verurteilt nach § 17 in Verbindung mit der Verordnung vom 19. April 1943 wegen Entnahme aus dem Lande. Der Nachschub erfolgte auch in Rußland auf dem ordentlichen Dienstweg. Die Nachschubführer holten ihren Nachschub an Verpflegung, Futter usw. bei den Armeeverpflegungsämtern.
.... (Ziffer. 142–148).

11. Stabsoffiziere von Orts- und Feldkommandanturen, Transport- und Bahnhofsoffiziere, Wehrmachtstreifen
Die Angehörigen dieser Dienststellen wurden angeklagt wegen Beschäftigung von Zivilisten, wegen Mittäter- oder Mitwisserschaft von Evakuierungen gemäß § 17 in Verbindung mit der Verordnung vom 19. April 1943.
Weitere Anklagepunkte sind gesondert angegeben.
.... (Ziff. 149–170).

12. Regimentskommandeure
Obwohl weder den Personen noch ihren Einheiten irgendein Vorwurf gemacht werden konnte, wurden die Regimentskommandeure kollektiv gemäß § 17 in Verbindung mit der Verordnung vom 19. April 1943 angeklagt.
.... (Ziff. 171–176).

13. Obersten
Die Obersten (mit einer Ausnahme, siehe unten) wurden wie die Regimentskommandeure gemäß § 17 in Verbindung mit der Verordnung vom 19. April 1943 angeklagt und kollektiv zurückgehalten.
.... (Ziff. 178–191).

14. und
15. SS und Polizei (auch solche Offiziere, die von der Polizei zur Wehrmacht übergetreten sind)
Mit wenigen Ausnahmen, die besonders genannt sind, wurden alle Stabsoffiziere, die der SS, Polizei oder früher der Polizei angehörten, verurteilt wegen Zugehörigkeit zu einer verbrecherischen Organisation gemäß § 17 in Verbindung mit der Verordnung vom 19. April 1943, gleichgültig, ob es sich um Angehörige der Allgemeinen SS oder Waffen-SS usw. handelte.
.... (Ziff. 192–216).

16. Spionage
Alle Angehörigen des Ic-Dienstes, der Abwehr und die Angehörigen der Aufklärungsverbände wurden lediglich wegen ihrer Zugehörigkeit zu diesen Verbänden wegen Spionage gemäß § 58,6 verurteilt.
.... (Ziff. 217–230).

17. Alle Offiziere und Dienstgrade
Alle Offiziere und Dienstgrade, die mit Gefangenenlagern zu tun hatten (einschließlich Ärzte), wurden verurteilt gemäß § 17 in Verbindung mit der Verordnung vom 19. April 1943, wegen Zwangsmaßnahmen gegen russische Kriegsgefangene.
.... (Ziff. 132–133).

18. Stabsoffiziere bestimmter (gesperrter) Divisionen
24.I.D., 87.I.D., 290.I.D., z.b.V.900
Die Stabsoffiziere der angeführten Divisionen wurden kollektiv verurteilt wegen angeblicher Greueltaten im Raume ihrer Divisionen gemäß § 17 in Verbindung mit der Verordnung vom 19. April 1943. Die ihnen zusätzlich gemachten Anschuldigungen sind bei den einzelnen Namen angegeben.

19. Stabsoffiziere der Feldgendarmerie
(Verurteilt wegen Zugehörigkeit zu einer verbrecherischen Organisation gemäß § 17 in Verbindung mit der Verordnung vom 19. April 1943.)

20. Angehörige höherer Stäbe
Alle Stabsoffiziere oder Beamte dieser Rangstufe der Heeresgruppen-, Armee- und Luftflottenstäbe (mit einer Ausnahme) wurden kollektiv wegen Zugehörigkeit zu Stäben verurteilt, die verantwortlich gemacht werden für die Verbrechen in diesen Räumen. Die Verhaftungen erfolgten durchweg erst nach dem 1. Dezember 1949 gemäß § 17 in Verbindung mit der Verordnung vom 19. April 1943.
In wenigen Fällen wurden ihnen noch andere »Verbrechen« vorgeworfen, die gesondert aufgeführt sind.

21. Fälle, die aufgrund von Zeugenaussagen (Denunziationen) oder Fälle, bei denen der wirkliche Grund nicht bekannt ist. .... (Ziff. 260–285).

Nachtrag
Folgende Namen sind in der Liste einzutragen zwischen 245 und 246:

Anlage 3

Beispiele für die Anwendung des »Ukas 43«

Grundlage: Schriftliche Berichte von 40 Spätheimkehrern, die auf Anregung des Stalingrad-Kreises im Jahre 1976 freiwillig erstattet wurden. 25 Bestrafungen beruhen auf dem Strafgesetzbuch, sie werden hier nicht behandelt. In Klammern ist die Aktennummer der Aussage angegeben.

Urteilsgrundlage		Im Urteil angegebene Straftat	Äußerung des Heimkehrers	Entlass.-termin
		Morde		
Ukas	1. (2)	Erschießung eines sowjetischen Gefangenen auf der Flucht	Unwahr. Spitzel Aussage	1955
	2. (21)	Weil er als Führer eines Vernichtungskommandos unzählige Bürger des Kaukasus vergast habe	Kam mit Dokument. »Ausbildungsberechtigung für Holzgasgeneratorenantrieb« verwundet in Gefangenschaft. Durch Übersetzungsfehler entstand das Wort GASCHEHUBKA = Vergasungsauto!	1955
		Mißhandlungen, Grausamkeiten		
Ukas	3.	Angehöriger der Waffen-SS und Kampf gegen Partisanen in Jugoslawien. Stärkung des Hitlerregimes durch die Bekämpfung der Freiheit des jugoslawischen Volkes	Ich war nie in Rußland im Einsatz	1955
Art. 17 StGB und Art. 1 des Ukas 43	4. (5)	Wortlaut in Übersetzung: »Der Angeklagte hat bei Leningrad zusammen mit seinen Untergebenen am Kampf gegen Partisanen, an Greueltaten und Grausamkeiten an friedlichen Sowjetbürgern teilgenommen«	Heimkehrer hat bei Vernehmung als Einsatzorte Leningrad und Jugoslawien angegeben. Daraus sind die falschen Vorwürfe konstruiert worden	
Ukas Art. 1	5. (4)	Ausnutzung sowjetischer Arbeitskräfte, wobei Gegenstände für die deutsche Wehrmacht und Zivil hergestellt wurden	—	1953
Ukas	6. (7)	Als Angehöriger der Feldgendarmerie Requirierungen und Grausamkeiten gegen Zivilisten	Bestritten	1953
Ukas ?	7. (14)	Zeuge an einem Bahnhof, als Zivilisten zur Arbeit abtransportiert wurden	—	1953
vermutlich Ukas	8. (15a)	Bewachung sowjetischer Kriegsgefangener	—	1953

Urteils-grundlage	Im Urteil angegebene Straftat	Äußerung des Heimkehrers	Entlass.-termin
vermutlich Ukas	9. (33) Requirierungen befohlen, bei Vernehmungen Zivilisten gequält	»Ich soll als Polizeioffizier im Gebiet von Woltschansk (Ukraine) Requirierungen befohlen und auch durchgeführt haben, außerdem russische Zivilisten bei Vernehmungen gequält haben. Ich war während des ganzen Krieges nur bei der Luftwaffe, erst bei der Flak, dann bei der Luftwaffenbauorganisation (nicht O.T.) im Fronteinsatz. Dies wäre auch aus meinem Soldbuch ersichtlich gewesen, das mir von der sowjetischen Wehrmacht abgenommen wurde. 1. Ich war nie bei der Feldpolizei. 2. Ich war im Krieg nie in der Gegend von Woltschansk. 3. Die Voruntersuchung bis zum Prozeß dauerte etwa ein ¾ Jahr. Während dieser Zeit war ich in Gefängnissen in Untersuchungshaft. 4. Bei einer ersten Gegenüberstellung mit sogenannten Zeugen wurde ich von diesen nicht erkannt. 5. Bei einer zweiten Gegenüberstellung konnte ich leicht erkennen, daß die Zeugen, diesmal andere Personen, präpariert waren und mich »ganz sicher erkannten«. Dieser ganze sogenannte Prozeß war ein lächerliches Schauspiel. Das Urteil lautete auf Todesstrafe, die in 25 Jahre Straflager umgewandelt wurde. Die Verteidigerin machte nicht einmal einen kleinen Versuch, für mich zu sprechen. Sie sagte: Nach dem, was das Gericht ausgesagt habe, sei nicht einzusehen, daß ich nicht identisch sei mit dem Beschuldigten. In meinem »letzten Wort« bestritt ich natürlich nochmals, daß ich der sei, den man suchte.«	

Urteilsgrundlage		Im Urteil angegebene Straftat	Äußerung des Heimkehrers	Entlass.-termin
		Verwüstungen		
Ukas 43	10. (11)	Weil er als Angehöriger der 227. Inf.-Division der Sowjetunion im Raume Leningrad ungeheueren Schaden zugefügt hat	Heimkehrer war Ic-Offizier beim Divisionsstab der 8. Jäger-Division	1953
Art. 17 StGB Ukas Art. 1	11. (16)	Wegen Kriegsverbrechen im Raum seiner Division, antisowjetischer Propaganda; beabsichtigter Eintritt in eine amerikanisch-deutsche Armee	Keinerlei persönliche Verübung behauptet oder gar nachgewiesen. Das übrige sind Verleumdungen durch alte Nazis	1953
vermutlich Ukas	12. (19)	Er habe einer Einheit angehört, die in der Ukraine Kriegsverbrechen begangen habe, und sei daher mitschuldig	—	1953
vermutlich auch Ukas	13. (24)	Wegen unberechtigten Betretens sowjetischen Territoriums, aktiver Unterstützung des Faschismus als Offizier der deutschen Wehrmacht. Verantwortlich für Zerstörungen – Leiden der sowjetischen Bevölkerung – Schäden und Verluste in der Landwirtschaft und den Viehbeständen im gesamten Einsatzgebiet des III. Panzerkorps; – das ist vom Dnjepr bis zum Kaukasus	In Stalinogorsk 7388/4 **versuchte es** – unter Anwendung brutalster Gewalt – der Lt. Kolesnikow mit seinem Dolmetscher Weinzettel – mir Einzelheiten anzuhängen – beginnend von Menschenverschleppung bis zum Requirieren von Lebensmitteln oder Vieh.	1955
vermutlich Ukas	14. (29)	Weil alle Divisionen, bei denen er einmal war, Greueltaten begangen haben	Mir persönlich wurde nichts vorgeworfen. Das Urteil wurde mir nicht ausgehändigt	1955
vermutlich Ukas	15. (35)	Urteilstext: Als Angehöriger der 19. Division ist er Teilnehmer an den Missetaten der Deutschen im Gemeindebezirk Narwa, die durch Zerstörung der Wirtschaft und Wegnahme des Eigentums der sowjetischen Bewohner und dessen Verwendung für die deutsche Armee geschahen, während der Zeit, in der sich die 19. Division im Gemeindebezirk Narwa (Harbckoi Bolocti) befand	Die 19. Division ist niemals im Raume Narwa gewesen	1955

Urteils-grundlage	Im Urteil angegebene Straftat	Äußerung des Heimkehrers	Entlass.-termin
Art. 17 StGB Ukas Art. 1	16. Vorwürfe: (41) 1. Als Qu 1 habe er die Truppen des AOK zur Durchführung von aufgeführten Greueltaten befähigt. 2. Als Chef eines AK habe er Sowjetbürger gewaltsam zu schwierigsten Arbeiten in der Front gehalten.	1. Die Greueltaten sind mir unbekannt. Die meisten genannten Orte unterstanden zur Tatzeit nicht dem AOK. Als Qu 1 hatte ich keine Befehlsgewalt. 2. Es handelt sich um lettische Flüchtlinge, die ohne Zwang den deutschen Truppen gefolgt sind und einem Pionierregiment beim Bau rückwärtiger Stellungen (nicht in Frontnähe) halfen. 3. Meine Anträge auf Zeugenvernehmungen wurden abgelehnt.	1955

Anlage 4

Erklärung
des Evangelischen Hilfswerkes für Internierte und Kriegsgefangene, Bischof D. Th. Heckel, zu der TASS-Erklärung vom 05.05.1950, betreffend die Repatriierung der deutschen Kriegsgefangenen aus der Sowjetunion.

Die TASS-Erklärung ist keine amtliche sowjetische Regierungserklärung. Sie ist inhaltlich so ungeheuerlich, daß kein Mensch, der einen auch nur spärlichen Einblick in die Verhältnisse hat, ihren Inhalt glauben kann. Das deutsche Volk ist seit langem Unglück und Unrecht gewohnt, aber diese Erklärung zu glauben, ist eine Zumutung, die von dem vom Leid verfolgten Volke nicht mehr verlangt werden kann. Das Maß des Erträglichen ist überschritten.
Das Evangelische Hilfswerk für Internierte und Kriegsgefangene in Erlangen hat Jahre hindurch die Gefangenenzahlen in den einzelnen Lagern verfolgt, Zahlen und Namen der zu Zwangsarbeit verurteilten Soldaten, soweit erfaßbar, genau registriert. Die Zahlen der TASS-Erklärung entbehren jeder Grundlage. Nach unserer Kartei wurden allein vom 01.03.1950 bis 01.05.1950 erneut 28055 Soldaten als Kriegsverbrecher einem ungewissen Schicksal entgegengeführt. Auch unsere Feststellungen stimmen mit den amtlichen Verlautbarungen der Bundesregierung überein.
Wir rufen es allen zu, die es angeht: Wer zu diesem Unrecht schweigt, macht sich vor Gott mitschuldig am Schicksal der in der Sowjetunion Zurückgebliebenen und am Leid der Angehörigen in der Heimat. Allen aber, die in diesen schweren Tagen verzweifeln, rufen wir das Wort Martin Luthers zu:
»Das Wehgeschrei der Entrechteten klingt in den Ohren Gottes lauter als die Lobgesänge der Engel im Himmel.«
So befehlen wir die Brüder und Schwestern im Osten und die Angehörigen in der Heimat der Gnade des Ewigen Gottes an.

Bekanntgabe der Erklärung erfolgte durch Hauptagenturen dpa, durch Radio München und Nordwestdeutschen Rundfunk und als Kanzelabk. in Nürnberg.
Sonntag, 07.05.1950, 20 Uhr, hält Bischof D. Heckel in Neustädter Kirche, Erlangen, einen Bittgottesdienst.

Literaturverzeichnis

Adenauer, Konrad	Erinnerungen 1953–1955, Stuttgart 1966
Berber, F.	Lehrbuch des Völkerrechts, Bd. II, Kriegsrecht, 1962
Borowitschi	Arbeitskreis der Heimkehrer und Kriegsgefangenen-Angehörigen des Lagers Borowitschi UdSSR. Entstehen und Wirken, Geschichte des Arbeitskreises 1947–1957, verantwortlich Helmuth von Dreßler, Druck F. Flothmann KG, Kettwig 1968
Brockhaus R. A.	Die deutschen Kriegsgefangenen in der UdSSR, Opfer einer politischen Strafjustiz, in DRK Suchdienst München Abt. Dokumentationszentrale für Kriegsgefangene, Die IT-Lager und Gefängnisse in der UdSSR, I. Folge
Diwald, Hellmut	Geschichte der Deutschen, Berlin/Wien 1978
DRK	Heimkehrer-Aussagen vor den Dienststellen des Deutschen Roten Kreuzes und Erlebnisberichte, in der Dokumentation der Wissenschaftlichen Kommission mit Ordnungsbuchstaben und Ziffern zitiert, ursprünglich im DRK-Archiv München gelagert, später in das Archiv des Auswärtigen Amtes übernommen
Eckhardt, Felix von	Ein unordentliches Leben, Düsseldorf/Wien 1967
Geschichte der deutschen Kriegsgefangenen des Zweiten Weltkrieges	Herausgegeben von Prof. Dr. Erich Maschke, erschienen im Gieseking Verlag, Bielefeld, 22 Bände, 1962–1974. Darunter Bd. IV Werner Ratza, Der Faktor Arbeit, 1972; Bd. V,1–3, Kurt Bährens, Deutsche in Straflagern und Gefängnissen der Sowjetunion, 1965; Bd. VII Kurt W. Böhme, Die deutschen Kriegsgefangenen in sowjetischer Hand – Eine Bilanz, 1966; Bd. XV Erich Maschke u.a., Die deutschen Kriegsgefangenen des Zweiten Weltkrieges – Eine Zusammenfassung, 1974

Gallas, Wilhelm	Strafgesetzbuch der RSFSR vom 22.01.1926, Berlin 1953
Hinz, Joachim	Kriegsvölkerrecht, Textsammlung, Berlin 1957
Holzapfel, Wilhelm	Die aus Finsternis Licht und aus Licht Finsternis machen, Metzingen Württemberg 1959
Jescheck, Hans-Heinrich	Die Verantwortlichkeit der Staatsorgane nach Völkerstrafrecht, Bonn 1952
Koch, Hans	Die deutsch-sowjetische Konferenz von Moskau, Konstanz 1955
Laun, R.	Haager Landkriegsordnung, 1950
Leonhard, Wolfgang	Kreml ohne Stalin, Köln/Berlin 1962; Am Vorabend einer neuen Revolution? Gütersloh 1975
Maschke, Erich	Herausgeber der Geschichte der deutschen Kriegsgefangenen des Zweiten Weltkrieges. Das Schicksal der deutschen Kriegsgefangenen des Zweiten Weltkrieges als Aufgabe zeitgeschichtlicher Forschung, München 1962
Maurach, Reinhart	Die Kriegsverbrecherprozesse gegen deutsche Gefangene in der Sowjetunion, Hamburg 1950; Handbuch der Sowjetverfassung, München 1955
Münch, Fritz	Zum Recht der Kriegsgefangenschaft, in Verbrechen der Sieger, Leonie 1976
Schulz, Klaus-Peter	Die ehrbaren Erpresser, Freiburg 1976
Solschenizyn, Alexander	Der Archipel Gulag, Bern 1974
Stalin, J.	Über den Großen Vaterländischen Krieg, Berlin 1952
Stalingrad	Sammlung von Heimkehrer-Aussagen des Kriegsgefangenenlagers Stalingrad I über ihre Verurteilungen 1949/50 (im Besitz des Verfassers)
Ulam, Adam B.	Stalin, Koloß der Macht, Esslingen 1977
Weißbuch	der CDU/CSU-Fraktion des Deutschen Bundestages über die menschenrechtliche Lage in Deutschland und der Deutschen in Osteuropa, Bonn, Oktober 1977
Welzel, H.	Das deutsche Strafrecht, Berlin 1969